CYNTHIA HEALD

Cómo Ser Una Mujer De Excelencia

GRUPO NELSON
Una división de Thomas Nelson Publishers
Desde 1798

NASHVILLE DALLAS MÉXICO DF. RÍO DE JANEIRO

Publicado en Nashville, Tennessee, Estados Unidos de América. Grupo Nelson, Inc. es una subsidiaria que pertenece completamente a Thomas Nelson, Inc. Grupo Nelson es una marca registrada de Thomas Nelson, Inc. www.gruponelson.com

Título en inglés: *Becoming a Woman of Excellence*

Publicado por NavPress

Traducción: *Leticia Guardiola*

ISBN: 978-0-88113-223-6

Impreso en Estados Unidos de América

LA CANTERA

Él pensó: El tiempo de preparación para este servicio ha resultado más largo de lo que imaginé que sería, y esta clase de preparación es difícil de entender.

Su Padre dijo: «Piensa en la cantera de donde salió la piedra para Mi casa en Jerusalén».

LAS HERRAMIENTAS

Él pensó: Me pregunto por qué se usan estas herramientas especiales.

Su Padre dijo: «La casa, cuando estaba en construcción, fue hecha con piedras ya pulidas antes de ser traídas de allá; de tal forma que no se escuchara ni martillo ni hacha, ni ningún otro instrumento de hierro, mientras era edificada».

»Si tú supieras la contrariedad que representa para los constructores el que las piedras no puedan ser usadas en la casa, porque no fueron pulidas antes de ser traídas de allá, si tú supieras mi propósito para ti, aceptarías con gusto cualquier herramienta con tal que te preparara silenciosa y perfectamente para encajar en tu lugar en la casa».

Amy Carmichael

Mi oración es que este estudio sea una herramienta que nos prepare a cada uno para encajar en Su Reino.

CYNTHIA HEALD

CONTENIDO

ACERCA DE LA AUTORA

Cynthia Hall Heald es nativa de Texas. Desde 1974 ella y su esposo Jack, veterinario de profesión, han trabajado a tiempo completo con Los Navegantes y actualmente laboran en el ministerio con una comunidad en Tucson, Arizona. Tienen cuatro hijos: Melinda, Daryl, Shelly y Michael.

Cynthia es graduada de la Universidad de Texas en Lengua Inglesa. Con frecuencia habla a grupos de mujeres de la iglesia, en seminarios y retiros.

Otros libros escritos por Cynthia son: *Intimacy with God* [Intimidad con Dios], *Loving Your Husband* [Ama a tu esposo] y *Becoming a Woman of Freedom* [Cómo ser una mujer libre], y es coautora del libro *Loving Your Wife* [Ama a tu esposa].

SUGERENCIAS PARA EL USO DE ESTE ESTUDIO

Cómo ser una mujer de excelencia es apropiado para estudiarse en grupo o individualmente, y para mujeres de todas las edades, ya sean casadas o solteras.

En cada capítulo encontrarás las reflexiones personales de la autora. Usa esos pensamientos para facilitar el análisis y la aplicación de este estudio a tu propia vida.

La mayoría de las preguntas te guiarán a la Biblia para ayudarte a formular tu respuesta basada en la Palabra de Dios. Deja que las Escrituras te hablen personalmente; no siempre hay una respuesta correcta o incorrecta.

Bajo cada capítulo se presenta un versículo de la Escritura para memorización. Puedes aprenderlo antes o después de realizar el estudio de cada capítulo, en la versión bíblica de tu preferencia.

El uso de un diccionario y de cualquier otro tipo de referencias o comentarios bíblicos pueden ser un buen recurso para ayudarte a responder las preguntas. Además, te pueden ser útiles en cualquier otro estudio bíblico posterior que hagas por tu cuenta.

PREFACIO

Mientras leía el libro de Rut, quedé impresionada por la forma en que Booz se expresa de ella y la alaba: «Ahora pues, no temas, hija mía; yo haré contigo lo que tú digas, pues toda la gente de mi pueblo sabe que eres mujer virtuosa» (Rut 3.11).

Mi respuesta inmediata a este pasaje fue preguntarme, qué era lo que hacía que Rut fuera una mujer virtuosa, una mujer de excelencia. A medida que estudiaba su vida, encontré cualidades en ella que demostraban su fortaleza y excelencia. Por medio de la oración y del estudio bíblico he aprendido que, si damos atención especial a nuestro desarrollo y crecimiento interior como Dios lo desea, nuestras respuestas y acciones estarán también de acuerdo a su voluntad. Proverbios 4.23 dice al respecto: «Sobre toda cosa guardada, guarda tu corazón; porque de él mana la vida». Este estudio nos llevará a descubrir cómo la Palabra de Dios se aplica a nuestra vida interior para retar nuestro compromiso de excelencia, para profundizar en nuestra comunión con Dios, y para preparar nuestro corazón para anunciar las virtudes de Aquel que nos llamó de las tinieblas a Su luz admirable (1 Pedro 2.9).

Como un resultado de mi estudio personal, siempre que me encuentro en cualquier tipo de situación en la cual tengo que elegir o decidir algo, viene a mi mente la pregunta: «¿Qué haría una mujer de excelencia en este caso?» Deseo que esta sea tu pregunta también, conforme lleguemos a ser mujeres de excelencia para la honra y gloria de Dios.

Parte uno: La meta

1

Excelencia:
Una meta digna de ser alcanzada

«... para que aprobéis lo mejor,
a fin de que seáis sinceros
e irreprensibles
para el día de Cristo...»
Filipenses 1.10

La popular canción «A mi manera», en la que el cantante se felicita por haber vivido su vida de acuerdo a su estilo muy personal, sin haber seguido el de nadie más, pareciera representar la forma en que la sociedad percibe el logro de la excelencia. Nuestra época se caracteriza por libros tales como *Looking Out for Number One* [Sé el número uno], o revistas como *Self* [Tú], y anuncios que proclaman «Haz lo que tú quieres» o «Si te gusta, hazlo».

Belleza, habilidad en el campo de trabajo, e independencia son las principales preocupaciones de las mujeres que luchan por alcanzar sus objetivos y la excelencia en su vida. Vivimos bajo la constante presión de elegir lo mejor en perfumes, ropa, equipos y carros para establecer así nuestros valores como individuos. Y en nuestra comparación constante de qué es mejor, al hacer las compras de cosas materiales, con frecuencia terminamos comparándonos con los modelos de éxito establecidos por la sociedad. Nos comienza entonces a atormentar la pregunta «¿Cuál debe ser la medida para mi éxito?» Y siempre encontramos a alguien que tiene más educación, o que es mejor organizado, o que es más divertido y agradable. ¿Será que vale la pena preocuparse por todo esto? ¿En qué *deberíamos* realmente invertir nuestra energía?

La búsqueda de la excelencia

1. Piensa en las formas en que el mundo suele definir el concepto de excelencia y escribe las más importantes.

2. ¿Cómo concibe la iglesia el concepto de excelencia?

El diccionario define *excelente* como lo que tiene el grado más elevado entre los de su género. Que sobresale en bondad, mérito o estimación. Viene del latín *excellentem*. Y excelencia: superior calidad o bondad que constituye y hace digna de singular aprecio y estimación en su género a una cosa.

«La iglesia se encuentra metida en tantos problemas, casi en igual forma que lo está la cultura, pues ha adquirido el mismo sistema de valores: fama, éxito, materialismo y popularidad. Buscamos nuestros modelos en las iglesias prominentes y en los líderes cristianos».[1]

Charles Colson

Uno de los libros de mayor popularidad, *In Search of Excellence* [En busca de la excelencia],[2] presenta un análisis de las «compañías americanas mejor administradas». Los dos autores de este libro invirtieron años en investigar aquellas compañías, cuyos productos y relaciones entre empleados son superiores a otras. El impacto tan difundido que ha tenido este libro, demuestra la preocupación de esta sociedad por definir las cualidades y los grados de la excelencia.

Esta lucha por la excelencia se ha infiltrado de tal forma en la vida, que ha influido en nuestra búsqueda personal de cómo valorarnos como mujeres. La enorme cantidad de opciones que se nos presentan son un reto que nos lleva a reconsiderar propósitos y estilos de vida. ¿A qué debemos dedicar nuestras vidas? ¿Somos necesarias? ¿Realmente es posible la autorrealización? ¿Valdrá la pena alcanzar la meta de la excelencia?

Las Escrituras nos hablan de un hombre que fue en busca de la excelencia.

> Mujer virtuosa, ¿quién la hallará? Porque su estima sobrepasa a la de las piedras preciosas. (Proverbios 31.10)

Su búsqueda puede ser la nuestra también y podemos llevar nuestras dudas a la fuente de verdad: la Palabra de Dios. A medida que desarrollemos nuestro estudio, podremos explorar la definición que Dios da de excelencia y determinar así las formas en las que Él quiere que manifestemos esa calidad en nuestra vida.

Una perspectiva bíblica de la excelencia

La palabra griega traducida como «excelente» en el Nuevo Testamento viene de *diaphero*, que literalmente significa «transportar» o «diferir». Además del término «excelente», las traduc-

[1] Charles Colson, *Loving God* [Amor a Dios], Zondervan, Grands Rapids, 1984, p. 14.
[2] Thomas J. Peters y Robert H. Wateman Jr., *In Search of Excellence* [En busca de la excelencia], Harper y Row, New York, 1982.

ciones de las Escritura también usan «lo mejor», «lo esencial», «las mejores cosas» o «las mejores y más altas».

La palabra hebrea traducida como «sobrepasar» en Proverbios 31.29 es *'alah*, que significa «ascender».

Estas dos palabras son usadas para exhortarnos a ascender, transportar o llevar más allá de lo normal, para diferenciar entre las cualidades de virtud y bondad.

---

3. Hay tres pasajes bíblicos que aplican el concepto de excelencia a alguien en particular. En cada caso escribe qué es lo que se menciona de cada uno de esos personajes. (Si tu versión no usa el término «excelencia», escribe la frase o palabra equivalente junto a tu respuesta.)

   Rut 3.11

   Proverbios 12.4

   Proverbios 31.10

La versión ampliada de la Biblia, en su interés por dar mayor significado a las palabras claves del texto original sugiere varios sinónimos en ciertas palabras. A continuación podemos ver cómo esta Biblia presenta los versículos ya mencionados:
Rut 3.11: «una mujer fuerte, de valor, valiente, capaz»
Proverbios 12.4: «una esposa virtuosa y de valor, entusiasta y fuerte de carácter»
Proverbios 31.10: «mujer capaz, inteligente y virtuosa»

---

4. Estudia los siguientes versículos para ver qué enseñan acerca de nuestra búsqueda de lo «más alto y mejor». Para cada uno de los versículos enumerados escribe un pensamiento específico que debiera afectar la forma y la razón de nuestra lucha por la excelencia.

   1 Corintios 12.31

Filipenses 1.9-10

Filipenses 4.8

---

5. Si la meta de nuestra lucha no está bien clara, corremos el riesgo de perder la visión de aquello por lo cual luchamos. Los siguientes pasajes de la Escritura nos dan una guía específica de cómo debemos alcanzar el crecimiento en nuestro diario caminar con Dios. Cada uno de estos pasajes ¿qué nos pide que hagamos?

Mateo 22.36-39

Romanos 12.2

Colosenses 1.10

2 Timoteo 2.15

---

6. De acuerdo a los versículos estudiados hasta aquí, ¿de qué forma explicarías a una de tus amistades el punto de vista bíblico de la excelencia? Escribe una breve definición en tus propias palabras.

Una meta personal de excelencia

REFLEXIÓN DE LA AUTORA: Cuando era niña recuerdo haber escuchado muchas veces que me decían: «¡Si vas a hacer algo, hazlo bien!» Este consejo me lo repetían al sentarme a la mesa, planchar un vestido o lavar los platos. Esto me hace pensar que, ya desde niña, me inculcaron el valor de la excelencia. Me di cuenta y comprendí que, hacer las cosas bien, no significa que todo tiene que estar hecho a la perfección, sino más bien que la actitud con que hagamos las cosas sea, al menos, la de hacerlas lo mejor posible y al máximo de nuestras capacidades. La Biblia nos dice algo muy similar: «[...]porque Jehová no mira lo que mira el hombre; pues el hombre mira lo que está delante de sus ojos, pero Jehová mira el corazón».

El día en que cumplí los cuarenta años me puse a pensar que quizá me encontraba a la mitad de mi vida y ya era hora de hacer un examen de lo vivido. Eché una mirada crítica hacia el pasado, para tratar de evaluar mis logros. Recordé mi decisión por Cristo, la graduación del colegio, mi matrimonio, cuando di clases de inglés, varios cambios de ciudad y haber criado a cuatro hijos. En apariencia, todo lo que había hecho era básicamente bueno, pero en algún momento, al pasar los años, pareciera que hubiera adoptado la meta de la mediocridad. Me sentía como la secretaria que tiene en su escritorio el letrero: «Hoy creo que trataré de terminar algo... o al menos empezarlo». ¿Cuál había sido mi actitud ante la vida? ¿Acaso tenía alguna meta que me permitiera hacer decisiones inteligentes respecto a mis prioridades y actividades? ¿Estaba en realidad siendo aprobada en las cosas que eran excelentes a fin de presentarme sincera y sin culpa hasta el día de Cristo?

---

7. Toma unos momentos para pensar y reflexiona en tu vida. Escribe lo que consideres hayan sido las áreas de mayor crecimiento para ti; así mismo anota aquellas en las que sientes una gran necesidad de mejorar.

---

8. De cada uno de los siguientes pasajes de la Escritura selecciona una verdad importante en la cual necesites profundizar, a fin de alcanzar lo mejor que Dios tiene para tu vida.

Filipenses 3.12-14

Hebreos 6.1

9. Estudia con detenimiento cualquier idea o pensamiento de este capítulo que halla sido de especial importancia en el proceso de aprender a ser una mujer de excelencia. Después de meditar sobre los pasajes de la Escritura incluidos en este capítulo, escribe una meta que te gustaría cumplir en el transcurso de este estudio (por ejemplo, una podría ser: «Comprender cómo puedo llegar a ser una mujer de excelencia»). Establecer un objetivo te permitirá recordar con más fácilidad tu propósito y compromiso a medida que avanzas en el estudio.

La palabra de Dios en nuestro corazón

Memorizar las Escrituras nos ayuda a mantener nuestras metas en la mente y tener abiertos nuestros corazones al poder transformador del Espíritu Santo. David dice en uno de sus salmos: «El hacer tu voluntad, Dios mío, me ha agradado, y tu ley está en medio de mi corazón» (Salmo 40.8). Tener la Palabra de Dios en nuestros corazones es una gran motivación para obedecer y crecer.

> «Yo no sé de ninguna otra práctica de la vida cristiana que sea más recompensante, prácticamente hablando, que el memorizar las Escrituras. Es cierto. No hay ninguna otra disciplina tan útil y gratificante que esta. ¡No hay otro ejercicio que pague mayores dividendos espirituales! Tu vida de oración se verá fortalecida. Tus actitudes y apariencia comenzarán a cambiar. Tu mente estará alerta y perceptiva. Tu confianza y seguridad se acrecentarán. Tu fe será solidificada».[3]
>
> Charles R. Swindoll

[3] Charles R. Swindoll, *Growing Strong in the Seasons of Life* [Fortaleza en las etapas de la vida], Multnomah Press, Portland, 1983, p. 53.

TEXTO SUGERIDO PARA MEMORIZAR: Filipenses 1.9-10

❖ ❖ ❖

A través de nuestro estudio exploraremos no sólo el llamado de Dios a la excelencia, sino la provisión, paciencia y seguridad de que su poder se perfecciona en la debilidad. Desde este momento debemos reconocer que excelencia no significa perfección, pero en esencia es el deseo de ser fuerte *en* el Señor y *para* el Señor. Como Oswald Chambers escribió: «¿Verdaderamente apreciamos la maravillosa salvación de Jesucristo que damos lo mejor por Su excelencia?[4]

[4] Oswald Chambers, *My Utmost for His Higbest* [Lo mejor por su excelencia], Dodd, Mead & Co., New York, 1966, p. 189.

Parte uno: La meta

2

Excelencia:

El carácter de Dios

«Jehová es mi luz
y mi salvación;
¿de quién temeré?
Jehová es la fortaleza
de mi vida; ¿de quién he de
atemorizarme?»
Salmo 27.1

Si vamos en pos de una meta para nuestra vida que refleje nuestro deseo de entender e ir en busca de lo mejor y más excelente, debemos conocer a Dios más íntimamente, pues Él es nuestra fuente y modelo de excelencia. Si queremos vivir una vida agradable ante Dios, necesitamos tener una imagen correcta de Él.

Debemos reconocer que una vida que tiene como meta la excelencia, no puede vivirse bajo sus propios méritos o por sus propias fuerzas. Pues sabemos que no somos perfectas y que fallaremos constantemente, una y otra vez. ¿Cómo responde Dios a nuestras imperfecciones y debilidades?

Primero, debemos saber y recordar que el amor de Dios es fiel e incondicional y que «su poder se perfecciona en la debilidad» (2 Corintios 12.9) por su tierna y amorosa misericordia hacia nosotras. Segundo, aunque Dios es el Creador y Todopoderoso, Él se preocupa por nosotras de forma personal, tiene planes para cada una y nos dará un futuro y una esperanza. Y tercero, podemos confiar nuestras vidas a Dios, pues sabemos que Él quiere satisfacer nuestras más profundas necesidades, y sólo nos desea lo mejor.

A medida que estudiemos el carácter de Dios aceptaremos el reto de vivir una vida que refleje Su excelencia.

> «Debemos ejercitarnos en el arte de meditar con detenimiento y tener una actitud amante frente a la majestad de Dios. Esto nos costará esfuerzo, pues el concepto de majestad ha desaparacido casi por completo de la raza humana».[1]
>
> A.W. Tozer

La misericordia de Dios

«¡Cuán preciosa, oh Dios, es tu misericordia!» (Salmo 36.7)

---

1. ¿Qué es lo primero que viene a tu mente cuando se trata de describir las cualidades de Dios?

[1] A.W.Tozer, *The Knowledge of the Holy* [El conocimiento de lo santo], Harper & Row, San Francisco, 1961.

2. Lee la rica descripción del carácter de Dios en los siguientes pasajes. ¿Cuáles son los aspectos de la persona de Dios que despiertan gratitud en tu corazón hacia Él?

Salmo 103.1-18

Salmo 145.8-21

3. Algunas veces, la visión o imagen que nos hemos forjado de Dios está determinada por la relación que tenemos con nuestro padre o con alguna otra figura de autoridad. Si hemos sido formadas, por ejemplo, en un hogar muy estricto o injusto, lo más probable es que veamos a Dios como un juez. Creer verdaderamente que Dios es amor es clave para cualquier respuesta que tengamos hacia Él.

¿Qué característica de Dios, si es que hay alguna, te parece más difícil de aceptar debido a tus experiencias pasadas?

Ora por estas características que quizá te son difíciles de aceptar y pídele que te dé entendimiento pleno para comprender de verdad quién es Él.

4. ¿De qué manera podrías describir la clase de amor que Dios tiene por nosotras? Usa los versículos de Isaías 49.15-16, Romanos 5.8, 1 Juan 3.1, y otros que tú quieras elegir como la base para tu respuesta.

5. ¿De qué manera la misericordia de Dios afecta tu respuesta hacia Él?

REFLEXIÓN DE LA AUTORA: A temprana edad respondí al amor de Dios por mí. El hecho de saber que Su amor es incondicional, me ha liberado de vivir una vida cristiana que sólo trata de alcanzar la perfección como medio de conseguir su amor por las obras. Conocer lo constante que es Dios en su amor, me anima para corresponderle al vivir una existencia digna, que dé honor a Su nombre. Quiero llegar a ser una mujer de excelencia, no por las obras que deba realizar, sino por que deseo agradar a Dios.

«Amados, amémonos.
Señor, ¿qué significa amor?

Amor es aquello que inspiró mi vida, que me condujo hasta mi cruz, y me sostuvo en mi cruz. Amor es lo que completará su gozo y hará que dé su vida por sus hermanos. Señor, dame de ese amor para siempre.

Bienaventurados los que están hambrientos y sedientos de amor, porque ellos serán saciados».[2]

Amy Carmichael

La soberanía de Dios

«Alabadle conforme a la muchedumbre de su grandeza». (Salmo 150.2b)

[2] Amy Carmichael, *If* [Si], Zondervan Publishing House, Grand Rapids, 1972.

6. ¿Cómo explicas la soberanía de Dios?

Soberanía significa *poder supremo*. A.W. Tozer escribe: «La soberanía de Dios es el atributo por el cual gobierna toda su creación, y para ser soberano, Dios debe saberlo todo, poderlo todo y ser absolutamente libre... Libre para hacer lo que Él quiera hacer, en cualquier lugar y momento para cumplir Su propósito eterno en cada detalle sin ninguna interferencia».[3]

7. ¿Qué nos enseñan los siguientes versículos acerca de la soberanía de Dios?

   1 Crónicas 29.11-12

   Salmo 115.3

   Isaías 46.9-10

   Colosenses 1.15-17

8. Lee Jeremías 29.11. ¿Qué nos dice este versículo acerca del cuidado soberano que Dios tiene por Su pueblo? (Para una útil referencia cruzada busca Romanos 8.28.)

   ¿Hay algo que te impida creer que los planes que Dios tiene para ti son para tu bien?

[3]Tozer, *Knowledge of the Holy* [Conocimiento de lo santo], p. 115.

9. El problema del sufrimiento, en especial cuando nos parece injusto, es uno de los principales obstáculos que impide a la gente aceptar que Dios tiene control sobre todas las circunstancias. ¿Cómo reaccionas ante la aflicción inexplicable?

10. Seamos cristianos o no, siempre habrá tribulaciones que afrontar en la vida. La diferencia para los que viven una vida cristiana es que, la gracia de Dios es suficiente para triunfar y mantenerse de pie ante el sufrimiento. Estudia los siguientes pasajes y después escribe un párrafo para dar la perspectiva bíblica de sufrimiento. Deuteronomio 32.4; Salmo 119.71, 75, 76; Juan 9.1-3; 2 Corintios 4.7-10; 2 Corintios 12.7-10.

«No existe literatura más realista y honesta que enfrente la cruda realidad de la existencia como lo hace la Biblia. En ningún momento se da la más mínima insinuación de que la vida de fe nos exime de las dificultades. Lo que sí se nos promete es la preservación de todo el mal que hay en ellas... El agua de todos los océanos no puede hundir un barco, a menos que ésta se meta dentro. Todos los problemas del mundo no pueden hacernos daño, a menos que estén dentro de nosotros. Esa es la promesa que encontramos en el Salmo 121: «Jehová te guardará de todo mal».[4]

Eugene Peterson

[4] Eugene Peterson, *A Long Obedience in the Same Direction* [Una larga obediencia en una misma dirección], InterVarsity Press, Downers Grove, 1980, p. 38.

11. Algo que también nos ayuda a entender mejor los tiempos difíciles, es reconocer lo voluntarioso de nuestra naturaleza pecaminosa. Alguien ha dicho que Dios es un caballero y que no tratará de imponernos Su voluntad; tenemos que permitirle que nos gobierne.

¿Qué nos enseñan los siguientes pasajes de la Escritura, respecto al papel que juega el ser humano al ocasionarse aflicciones a sí mismo?

Salmo 81.8-14

Isaías 48.17-19

Jeremías 7.23-24

«Creer firmemente que nuestro Padre Celestial siempre derrama circunstancias providenciales que actúan para nuestro bien presente y para nuestro futuro bienestar, trae a nuestra alma una verdadera bendición. La mayoría de nosotros vamos por la vida orando un poquito, planeando otro poquito, maniobrando para conseguir una posición, esperando algo pero nunca con seguridad, y secretamente con miedo de perder el camino. Este es un trágico desperdicio de la verdad y nunca da descanso al corazón.

Hay un mejor camino. Repudiar la propia sabiduría y tomar en su lugar la infinita sabiduría de Dios. Nuestra insistencia en tratar de ver siempre hacia adelante es natural, pero es un impedimento para el progreso espiritual. Dios se ha tomado la responsabilidad total de nuestra eterna felicidad y está listo para tomar el mando de nuestra vida en el momento en que depositemos nuestra fe en Él».[5]

A.W. Tozer

[5] Tozer, *Knowledge of the Holy* [El conocimiento de lo santo], p. 69.

12. ¿Puedes pensar en cualquier otro ejemplo de la Escritura o de tu propia vida, en el cual se muestre la relación entre nuestras acciones y Dios permitiendo que nuestras decisiones afecten las circunstancias de nuestra vida?

La provisión de Dios

«Cantad salmos a Jehová, porque ha hecho cosas magníficas». (Isaías 12.5)

13. Lee el Salmo 23.

a. ¿Qué es lo que un pastor provee para su oveja?

b. ¿Qué es lo que Dios provee para nosotras?

c. ¿Qué significa para ti esta provisión?

«...Cuando el Señor es mi pastor, Él es capaz de suplir mis necesidades, y ciertamente está dispuesto a hacerlo, pues su corazón está rebosante de amor, y *"nada me faltará"*. No careceré de *cosa alguna.* ¿No es Él quien alimenta a las aves y hace crecer a los lirios? ¿Cómo podrá entonces dejar desamparados a sus hijos? No me faltarán las cosas espirituales, yo sé que Su gracia será suficiente para mí. Al descansar en Él me dirá: "Y como tus días, serán tus fuerzas"».[6]

C.H. Spurgeon

[6] Charles Haddon Spurgeon, *The Treasury of David* [El tesoro de David], Vol. Uno: Salmos 1 al 57, MacDonald Publishing Co., McLean, Virginia, p. 354.

14. ¿Qué nos enseñan los siguientes versículos respecto a quién satisface nuestras necesidades de seguridad y protección?
Salmo 27.1

Salmo 91.4, 14-16

Romanos 8.31-32

2 Pedro 1.3

> «Tenlo por cierto, si caminas con Él, lo miras y esperas Su ayuda, Él nunca te fallará. Como un hermano mayor que ha conocido al Señor por cuarenta y cuatro años, el que escribe esto, te dice como aliento, que Él nunca me ha fallado. En las grandes dificultades, en las más duras aflicciones, en la más profunda necesidad y pobreza, nunca me ha desamparado; pues *me ha equipado por Su gracia para confiar en Él,* y siempre ha estado presente para ayudarme. Me deleito en hablar bien de Su nombre».[7]
>
> George Mueller

Tu respuesta

15. ¿Tienes algún nuevo pensamiento acerca de Dios que te haya retado o animado? ¿De qué manera puede esta idea hacer diferente tu vida?

[7] George Mueller, en *Streams in the Desert* [Manantiales en el desierto], compilado por Charles E. Cowman, World Wide Publications, Minneapolis, 1979, pp. 19-20.

TEXTO SUGERIDO PARA MEMORIZAR: Salmo 27.1. (Puedes escribirlo en una pequeña tarjeta y tenerlo cerca, donde lo veas fácilmente, para que lo memorices. Agradece a Dios por quien Él es, y por lo que ha hecho en tu vida.)

❖ ❖ ❖

Una mujer de excelencia es aquella que ha fundado su seguridad y fuerza en Jesucristo. Y que gracias a la misericordia de Dios, a su soberanía y a su provisión, no tiene que buscar en la gente o en las cosas para sentirse valorada o amada. Ahora es libre para amar y servir porque puede confiar en que sus necesidades serán satisfechas por su Padre celestial.

RECURSOS:

C.S. Lewis, *The Problem of Pain* [El problema del dolor], MacMillan, New York, 1943.

Warren y Ruth Myers, *Experiencing God's Attributes (a Bible study workbook)* [Experimentando los atributos de Dios, (libro de trabajo de estudio bíblico)], NavPress, Colorado Springs, 1984.

J.B. Phillips, *Your God is Too Small* [Tu Dios es demasiado pequeño], MacMillan, New York, 1961.

Edith Schaeffer, *Affliction* [Aflicción], Fleming H. Revell, Old Tappan, N.J., 1979.

A.W. Tozer, *The Knowledge of the Holy* [El conocimiento de lo santo], Harper & Row, San Francisco, 1961.

Parte uno: La meta

3

Excelencia:

Ser como Cristo

«... prosigo a la meta,
al premio del supremo
llamamiento de Dios
en Cristo Jesús».
Filipenses 3.14

Debido a que Dios nos ama hasta el punto de estar comprometido con el bienestar de nuestro futuro y con la satisfacción de nuestras más profundas necesidades es que desea que crezcamos hasta llegar a ser como Cristo. Nuestro deseo de ser excelentes y fuertes agrada a Dios, pero debemos permitirle que nos enseñe que la excelencia es un proceso que dura toda la vida, y que Él es nuestra única fuente de fortaleza. El crecimiento se produce cuando nos mantenemos caminando con Dios recordando que la vida cristiana es un *proceso*, más que un darse por vencida en frustración porque no podemos alcanzar el grado de perfección. *Llegar a ser* significa existir, ser, persistir en el cambio y desarrollo. A medida que respondemos a su deseo de estar completamente comprometidas en nuestras vidas, comenzamos entonces a cambiar y a ser como Cristo.

> «Hay un gran mercado para la experiencia religiosa en nuestro mundo; hay poco entusiasmo por la paciente adquisición de virtud, poca inclinación para comprometerse con un largo aprendizaje de lo que las antiguas generaciones de cristianos llamaban santidad».[1]
>
> Eugene Peterson

El anhelo de Dios por nosotras

1. En cada uno de los siguientes pasajes, ¿qué es lo que Dios comunica acerca de su relación con nosotras?

   Salmo 149.4

   Jeremías 29.13

   Mateo 11.28-30

   Efesios 2.4-7

[1] Eugene Peterson, *A Long Obedience in the Same Direction* [Una larga obediencia en la misma dirección], p. 12.

¿Encuentras algunos pensamientos en estos versículos que de manera especial te animen a buscar la presencia y obra de Dios en tu vida? Si así es, ¿cuáles son?

---

2. Una definición bíblica de llegar a ser puede resumirse en la palabra *santificación*. «Santificar» significa hacer santo: santificación es *crecimiento* en la gracia divina, como resultado del compromiso cristiano.
   ¿Qué verdades centrales nos enseñan los siguientes versículos acerca del proceso de llegar a ser como Cristo?

   Romanos 8.28-29

   1 Corintios 1.4-9

   Filipenses 1.6

   Filipenses 2.13

(*Nota especial*: Para poder moldear nuestra vida de acuerdo a la de Jesús, necesitamos primero establecer una relación con Él, a fin de que podamos vivir en Su fortaleza, no en la nuestra. Si no conoces a Jesús como tu Salvador y Señor personal, ¿te gustaría considerar los versículos y folletos mencionados al final de este capítulo?)

A fin de evitar desaliento y confianza en nuestras vidas, es importante saber que Dios es quien comenzó la obra en nosotras y Él la habrá de terminar. Pero, ¡cómo invitar a reconocer también que Dios es paciente con el proceso! Oswald Chambers nos reta al decir: «¡Piensa en la enorme tranquilidad de Dios! Él nunca está de prisa». Moisés estuvo en el desierto cuarenta años antes de guiar a los israelitas fuera de Egipto. José estuvo en prisión aproximadamente nueve años antes de que Faraón lo llamara para que interpretara su sueño y lo pusiera al frente del reino egipcio. Pablo estuvo en Tarso nueve años antes de salir a su primer viaje misionero.

---

3. ¿Qué nos dice la Escritura acerca de la perspectiva de Dios en cuanto al tiempo?

   2 Pedro 3.8-9

   Habacuc 2.1-3 (véanse también Habacuc 1.1-5 y 1.12-13)

---

4. ¿De qué manera las Escrituras que has estudiado hasta este capítulo estimulan tu perspectiva respecto a tu crecimiento personal en el Señor?

---

5. En Filipenses 3.12-14, Pablo explica su clave para el proceso de llegar a ser. ¿Cuál es? (Para profundizar al respecto busca en el diccionario la palabra *proseguir*.) ¿En qué forma la respuesta de Pablo, al proceso de Dios, representa un reto para tu vida?

REFLEXIÓN DE LA AUTORA: Dios anhela tener compañerismo con nosotras, está comprometido con nuestro crecimiento y es realista para entender en dónde nos encontramos en nuestra relación con Él. A menudo nosotras nos ponemos altas expectativas al tratar de vivir una vida cristiana por nuestras propias fuerzas. Cuando confiamos en nosotras mismas, estamos destinadas a fracasar y tentadas a renunciar por completo a la idea de vivir una vida que sea agradable a Dios.

Un ejemplo de mi propia experiencia ha sido el esfuerzo que he realizado por controlar mi lengua. Han debido pasar años de lectura bíblica, de oración y memorización de las Escrituras, antes de poder ver algún progreso sobre el control de mi lengua. El crecimiento en cualquier área de la vida cristiana toma tiempo, y la clave está en sentarse diariamente a los pies de Jesús. Explorar las verdades que Jesús dijo en Juan 15 me ha permitido experimentar en alguna medida la victoria. No soy perfecta, pero estoy en el proceso de llegar a serlo. Como dijo un sabio y santo anciano una vez, «¡No soy lo que debo ser, pero tampoco soy lo que solía ser!»

---

6. Lee Juan 15.1-11 con cuidado antes de responder a las siguientes preguntas.

 ¿Cuáles son las palabras clave de este pasaje?

 ¿Qué significa esperar o permanecer?

 ¿Por qué es necesario permanecer?

 ¿Cuáles son los beneficios de permanecer?

 ¿Cuáles son los resultados de no permanecer?

 ¿De qué manera podemos comprobar que permanecemos?

Permanecer ha sido definido como «el acto continuo de dejar a un lado todo aquello que pueda derivarse de nuestra propia sabiduría o mérito, para obtenerlo de Cristo».

> «Se necesita tiempo para crecer en Jesús, la Vid: no esperes permanecer en Él, a menos que estés dispuesta a darle ese tiempo... Ven, mi hermana, presentémonos día a día a sus pies y meditemos en su palabra, con nuestra vista fija en Él. Vayamos frente a Él, con una quieta confianza, esperando para escuchar su santa voz, la todavía pequeña voz, que es más poderosa que la tormenta que rompe las rocas, soplando su reavivador espíritu en nosotras, a la vez que nos dice: "Permaneced en mí"».[2]
>
> Andrew Murray

---

7. ¿Cuáles son, en tu opinión, las formas prácticas en que podemos contestar a la pregunta, «¿Cómo puedo permanecer en Jesús?» (Juan 8.31 puede servir como referencia.)

> «Las Escrituras fueron dadas no para aumentar nuestro conocimiento, sino para cambiar nuestras vidas».
>
> D. L. Moody

Nuestro anhelo por Dios

> «Oración: secreta, ferviente y fiel oración. Permanece a la raíz de toda piedad personal».
>
> William Carey

2 Andrew Murray, *Abide in Christ* [Permaneced en Cristo], Whitaker House, Springdale, PN, 1980, pp.

8. Lee y reflexiona acerca de los siguientes pasajes. Escribe las imágenes o metáforas que se usan para describir el anhelo por Dios.

Salmo 42.1-2

Salmo 63.1

Salmo 84.1-2

¿Por qué crees que los salmistas sentían tan fuerte anhelo por Dios? ¿Qué indica esto acerca de su relación con Él?

Si deseas, toma algunos minutos para que escribas algo en lenguaje creativo (imágenes poéticas o lenguaje figurado) que te permita captar los sentimientos que despierta en ti la cercanía a Dios. Toma como ejemplo los pasajes que acabas de estudiar. Escribe tus pensamientos en forma de oración a Dios.

9. *Meditación:* Se puede definir como devoción reflexiva en la Palabra de Dios con una meta de compromiso y entendimiento.

¿Cuáles son los beneficios de la meditación que se revelan en el Salmo 1.1-3?

¿Cómo se puede meditar en las palabras de Dios «día y noche»?

---

10. Revisa este capítulo y toma un tiempo para evaluar tu anhelo por Dios y tus respuestas hacia Él. Haz una lista de algunas formas específicas en las que puedes comenzar, de modo consistente, a permanecer en Él. Quizá debas hacer una lista de aquello que te impide pasar tiempo con Dios.

PASAJE BÍBLICO PARA MEMORIZAR: Filipenses 3.14

❖ ❖ ❖

«Hay solamente una relación que importa, y esa es tu relación personal con un redentor y Señor personal. Deja ir todo lo demás, pero mantén esta relación a cualquier costo y Dios habrá de cumplir su propósito en tu vida».[3]

Oswald Chambers

[3] Oswald Chambers, *My Utmost for His Highest* [Lo mejor por su excelencia], p. 335.

Si aún no tienes una relación personal con Jesucristo, considera en actitud de oración los siguientes versículos y habla con alguna amistad o con algún pastor que te pueda ayudar a entender tu relación con Cristo.

Romanos 3.23
Romanos 6.23
Juan 14.6
Juan 11.25-27
Romanos 10.9-13

Los siguientes folletos pueden ser de ayuda en tu relación y crecimiento en Cristo.

Steps to Peace with God [Pasos hacia la paz con Dios] (Billy Graham Evangelistic Association) (Billy Graham Asociación Evangelística)
The Bridge Illustration [La ilustración del puente] (NavPress)
Seven minutes with God [Siete minutos con Dios] (NavPress)
The Quiet Time [Tiempo de quietud] (InterVarsity)
Lessons on Assurance [Lecciones de confianza] (NavPress)

Parte dos: El costo

4

Excelencia:
Cimentada en la sumisión

«Con Cristo estoy
juntamente crucificado,
y ya no vivo yo,
mas vive Cristo en mí;
y lo que ahora vivo en la carne
lo vivo en la fe del Hijo de Dios,
el cual me amó y se entregó
a sí mismo por mí».

Gálatas 2.20

Mientras más tiempo pasamos con Dios orando y meditando en su Palabra, más cuenta nos damos que el foco de nuestra vida cambia, de egocéntrico pasa a ser Cristocéntrico. Juan el Bautista resume el proceso de llegar a ser por medio de su proclamación, «Es necesario que Él crezca, pero que yo mengüe». Fenelon expresa la misma idea: «Cualquier conocimiento o sentimiento espiritual que podamos tener, son simples engaños si no nos guían a la práctica real y constante de morir a una misma».[1] Morir a nosotras mismas, o someternos, significa darnos por vencidas, renunciar, ceder, dejarlo ir, abandonarse, sujetarse, abdicar a nuestros derechos.

A medida que intentamos ser como Cristo y aprendemos a permanecer en la Vid, encontramos más obstáculos. Tozer dice al respecto, «...pareciera que dentro de cada uno de nosotros hubiera un enemigo, al que toleramos a nuestro riesgo. Jesús le llama «vida» y «yo», o en otras palabras, el ego. Permitirle a este enemigo vivir, es al final, perderlo todo. Repudiarlo y dejar todo por causa de Cristo es no perder nada, sino preservarlo todo hasta la vida eterna».[2]

«Y ya no vivo yo...»

> «Hay una sola cosa que Dios quiere de nosotras: una entrega incondicional».[3]
>
> Oswald Chambers

1. En Juan 12.24-25, Jesús establece algunas condiciones y resultados de lo que implica nuestra sumisión a Dios. ¿Cuáles son?

2. Richard Foster define la autonegación como «la simple aceptación de que las cosas no tienen que hacerse a nuestro

[1] Fenelon, *Let Go* [Déjalo ir], Whitaker House, Springdale, PN, 1973, p.6.
[2] A.W. Tozer, *The Pursuit of God* [La búsqueda de Dios], Christian Publications, Inc.,
[3] Oswald Chambers, *My Utmost for His Highest* [Lo mejor por su excelencia], p. 297.

modo».[4] En Lucas 9.23 Jesús bosqueja un programa en tres puntos para el discipulado. Escribe una breve explicación para cada punto.

«Cuando Jesús habló de negarse a sí mismo y de cargar la cruz, ¿qué quiso decir realmente? (Marcos 8.34). Muchos creen respecto a la autonegación que es abstenerse de algo durante la temporada de cuaresma. Otros más dicen que es morir al propio yo, o aun odiarse a sí mismo. Yo estoy en desacuerdo con estas opiniones. Cuando Jesús habló del negarse a sí mismo, no hablaba acerca de negarnos a nosotros mismos un lujo, o de negarnos a la realidad de nuestras necesidades. Más bien Él estaba enfocando la importancia de renunciar al yo como centro de nuestra vida y acciones. En otras palabras, el negarse a sí mismo es la decisión de cada uno de sus seguidores de entregar a Dios su cuerpo, carrera, dinero y tiempo. *Un verdadero discípulo está dispuesto a cambiar el centro espiritual de gravedad en su vida, negarse a sí mismo, es la persistente voluntad de decirse no, a uno mismo a fin de decir sí a Dios....*

La cruz... es el símbolo de la misión, la esencia del propósito... Cualquier misión que Dios me dé es mi cruz».[5]

Bill Hull

---

3. En su carta a los Filipenses, Pablo escribe sobre su propia sumisión. Lee Filipenses 3.1-10. ¿De qué manera su ejemplo de cederlo todo confronta tu vida? (Al responder a esta pregunta quizá encuentres útil notar cómo Pablo se sometió.)

4 Richard Foster, *Celebration of Discipline* [Celebración de la disciplina], Harper & Row, San Francisco, 1978, p. 99.

5 Bill Hull, *Jesus Christ, Disciplemaker* [Jesucristo, discipulador], NavPress, Colorado Spg., 1984, p. 170.

«Has creído en Él como tu Salvador que murió; ahora confía en Él como tu Salvador viviente. De la misma manera en que vino a librarte del castigo futuro, ha venido a librarte de la esclavitud presente. De la misma manera en que vino para recibir tus azotes, ha venido para vivir la vida por ti».[6]

Hannah Whitall Smith

REFLEXIÓN DE LA AUTORA: Cuando mi esposo Jack y yo nos mudamos a un nuevo pueblo hace algunos años, nuestros tres hijos pequeños no pasaban de los tres años todavía. Jack había comenzado su práctica veterinaria. Debido a que atendía animales tanto grandes como pequeños, por lo regular estaba fuera de la casa entre 12 y 14 horas diarias. Por otra parte, además de tener a tres pequeños, un esposo y padre ausente, vivíamos en una casa vieja que tenía ratones. No tenía amistades cercanas, solo Uno, que escuchaba mis llantos: «¡Señor, ya no puedo más. Estoy cansada, sola, me rindo!». Claramente escuché la voz de Dios en mi corazón que me decía: «Me parece bien, pues yo no quiero que continúes por tus propias fuerzas. Quiero que vivas tu vida en mí». Ese fue mi primer sometimiento. Desde ese momento en adelante, comencé a entender que la vida cristiana no era imitación, sino ocupación. Es un intercambio de vida, Su vida por la mía. En realidad tampoco es un cambio, como dice Elisabeth Elliot: «Lo nuestro le pertenece a Cristo, pero a la vez, lo que es de Él nos pertenece». Puesto que todavía estoy en el proceso de llegar a ser, constantemente enfrento circunstancias que debo someter a Él todos los días. Cuando estoy molesta o frustrada por situaciones que no puedo controlar, Dios amablemente me pregunta: «Cynthia, ¿de quién es tu vida?» Y tengo que contestar: «Es tuya Señor, es tuya».

«Mas vive Cristo en mí»

4. Lee Colosenses 3.3 y Gálatas 2.20. ¿De qué manera estos dos versículos te ayudan a comprender lo que significa sumisión?

[6] Hannah Whitall Smith, *The Christian's Secret of a Happy Life* [El secreto cristiano de una vida feliz], n.d., Westwood, NJ, p. 53.

> «El Espíritu de Dios da testimonio de la simple y todopoderosa seguridad de la vida escondida con Cristo en Dios...»[7]
>
> Oswald Chamber

5. Medita en la oración de Pablo que se encuentra en Efesios 3.16-19. Personaliza esta oración usando el «yo», «mi» y «mío» en lugar de la palabra «vuestros», y escríbela en el espacio en blanco. Úsala como oración diaria para renovar tu convicción de que Cristo mora en ti.

6. En 1982 Lydia Joel era la directora del Departamento de Danza de Artes Escénicas en New York. Una de las revistas del medio artístico citó una vez parte del discurso que dio a sus nuevos alumnos.

   «Esta situación que enfrentan ahora es absolutamente antidemocrática. Aquí ustedes no tienen derechos. Su único derecho es venir a clases y ser maravillosos. No pueden protestar, no pueden faltar, sólo pueden trabajar... Tienen que dar todo su ser en un acto de fe. Si tienen cualquier clase de resentimiento o falta de claridad, encontrarán angustia. Pero si deciden sobrevivir cuatro años este pedido, desde lo más profundo de su ser, su vida será literalmente transformada».[8]

   a. ¿Qué se le pedía a los estudiantes que dejaran a un lado?

   b. ¿Cuál era la motivación para someterse?

[7] Oswald Chambers, *My Utmost* [Lo mejor], p. 359.
[8] Lydia Joel, citada en «Parade Magazine» [Revista «Desfile»], agosto 22, 1982.

c. ¿Cuál fue su recompensa?

d. ¿Qué pide Dios de ti?

e. ¿Cuál debe ser tu motivación?

f. ¿Cuáles son las recompensas y beneficios de ceder?

g. ¿A qué se debe que el proceso de rendirse es con frecuencia una lucha? (La discusión de Pablo en Romanos 7.14-25 sobre su propia lucha para ceder, puede ayudarte en esta pregunta.)

En el libro de C.S. Lewis, *The Screwtape Letters* [Cartas a un diablo novato], Satanás, escribe cartas de instrucción a su sobrino demonio, Amargor, de cómo impedir que un cristiano siga creciendo. Aquí él le explica a Amargor la doctrina de la sumisión (a través de este diálogo, Lewis resalta el resultado clave de la gracia de Dios en nuestras vidas): «Cuando Él habla de que pierdan sus propias vidas, se refiere sólo a abandonar el clamor de su propia voluntad; una vez que ellos han hecho esto, realmente Él les devuelve toda su personalidad, y se jactan (y esto sinceramente me preocupa) que cuando ellos le pertenecen por completo a Él serán más que nunca ellos mismos».[9]

---

7. En Romanos 8.12-14, Pablo habla sobre el vivir en el Espíritu versus el vivir de acuerdo a nuestra naturaleza pecaminosa. ¿Qué es lo que nos pide que hagamos?

[9] C.S. Lewis, *The Screwtape Letters* [Cartas a un diablo novato], Fleming H. Revell, Old Tappan, NJ, 1979), p. 59.

8. Se ha dicho: «Lo que importa no es cuánto tenemos del Espíritu Santo, sino cuánto de nosotros tiene el Espíritu Santo». La clave es someterse siempre y abandonarnos a Dios. «Tenemos que mantenernos cediendo, y lenta y seguramente la vida plena de Dios nos invadirá en cada parte de nuestro ser, y la gente se dará cuenta de que hemos estado con Jesús».[10]

¿Ha habido algún momento en tu vida en el que voluntariamente le hayas entregado tu vida a Dios? Si es así, describe tu experiencia.

Si no, ¿te gustaría considerar en oración el someter tu vida hoy? Aquí tienes una oración sugerida por Hannah Whitall Smith:

> «Señor, me abandono a ti. He tratado por todos los medios de manejar mi vida, y de hacer de mí lo que sé que debo ser, pero siempre he fallado. Hoy lo dejo en tus manos. Toma posesión de mí por completo. Obra en mí todas las bondades de tu voluntad. Modélame y haz de mí una vasija digna de ti. Dejo mi vida en tus manos, y confío en que de acuerdo a tus promesas me harás un vaso de tu honor, santificado, para el uso del maestro y preparado para toda buena obra».[11]

TEXTO SUGERIDO PARA MEMORIZAR: Gálatas 2.20. Conforme pongas este versículo en tu corazón, y lo vivas día a día, pide a Dios que te recuerde el compromiso de someter toda tu vida a Él.

❖ ❖ ❖

El secreto de Jorge Mueller:
«Hubo un día en que morí:
- Morí para Jorge Mueller: a sus gustos, sus opiniones, sus preferencias y su voluntad.
- Morí para el mundo: su aprobación o censura.
- Morí para la aprobación o culpa de mi comunidad y de mis amistades.

Desde entonces sólo me he propuesto presentarme aprobado ante Dios».

[10] Chambers, *My Utmost* [Lo mejor], p. 103.
[11] Whitall Smith, *The Christian's Secret* [El secreto cristiano], p. 39.

Parte dos: El costo

5

Excelencia:

Caracterizada en la obediencia

«... porque Dios
es el que en vosotros produce
así el querer como el hacer,
por su buena voluntad».
Filipenses 2.13

«La vida oculta en Dios es una vida escondida en sus raíces, pero no debe estar escondida en sus resultados prácticos. La gente debe darse cuenta que caminamos como caminó Cristo, si es que decimos que permanecemos en Él. Debemos probar que "poseemos" aquello que "profesamos"».[1] Si tuviéramos que resumir el pensamiento de Hannah Whitall Smith a una sola palabra, esta sería *obediencia*, la cual significa sumisión, el ceder habitualmente ante la autoridad.

La obediencia no es forzada; es motivada por un corazón lleno de amor. David escribió en el Salmo 40.8, «El hacer tu voluntad, Dios mío, me ha agradado, y tu ley está en medio de mi corazón». John Flavell comenta: «Tu delicia y disposición para caminar en obediencia son el reflejo de tu santificación».[2] ¿Por qué nos ha pedido Dios obedecerle, y de qué manera cumplimos con esa obediencia?

Obedecemos por nuestro bien

1. Deuteronomio 10.12-13 resume algunos aspectos claves de la vida cristiana. Conforme leas estos versículos, escribe qué es lo que se nos pide hacer y por qué debemos guardar u obedecer los mandamientos del Señor.

> «¡Quién diera que tuviesen tal corazón, que me temiesen y guardasen todos los días todos mis mandamientos, para que a ellos y a sus hijos les fuese bien para siempre!»
>
> Deuteronomio 5.29

[1] Hannah Whitall Smith, *The Christian's Secret of the Happy Life* [El secreto cristiano de una vida feliz], p. 250.

[2] John Flavell, en una nota del *Treasury of David* [El tesoro de David], por C.H. Spurgeon, p. 248.

2. El Salmo 119 expresa un gran amor de corazón por la Palabra de Dios. ¿Qué te dice cada uno de los versículos siguientes respecto a la actitud del salmista ante los mandamientos de Dios?

versículo 2

versículo 129

versículo 167

---

3. A menudo el Espíritu Santo me mueve a llamar a alguna de mis amistades, o a escribirles una carta, o a servir a alguien en forma especial. Mi respuesta es pensar: «Sí, es una buena idea, la voy a hacer», pero luego pasa el tiempo y nunca llega el momento para hacer eso que pensé.

Jesús enseñó respecto a esta actitud particular en relación a la obediencia. Lee Mateo 21.28-32 y Lucas 6.46-49 y escribe un breve párrafo que resuma sus enseñanzas sobre la obediencia. ¿Cuál es la lección más importante que hay en esto para ti?

En el libro de C.S. Lewis, *The Screwtape Letters* [Cartas a un diablo novato], Satanás instruye a su sobrino, el demonio Amargor, en cómo retener a su «paciente» cristiano para que no obedezca al Señor. Esto es parte de lo que dice su carta: «Déjale hacer lo que quiera, excepto que actúe. Ni la piedad en su imaginación o en su aflicción podrá haceros daño, si la mantenemos lejos de su voluntad».[3]

¡Cuán cierto es esto! La palabra griega *hypakouô* se traduce como «obedecer», esto significa escuchar, responder. Jesús enseñó que es sabio quien escucha y actúa. La forma en que escuchamos a Dios y su Palabra, determina nuestra respuesta.

[3] C.S. Lewis, *The Screwtape Letters* [Cartas a un diablo novato].

4. En Génesis 2.8—3.7 se narra el primer mandamiento dado por Dios y la primera desobediencia en Génesis 2.16-17. Lee esos versículos con cuidado y registra tus pensamientos en relación a las preguntas siguientes.

a. ¿Qué hizo Satanás para que Eva dudara de la Palabra de Dios?

b. Explica la tentación que Satanás le presentó a Eva, y por qué crees que ella respondió de la manera como lo hizo.

c. ¿Crees que en ese momento Eva estaba pensando en Dios y en servirle, o más bien en sí misma y en lo que ella quería?

d. ¿Crees que haya sido posible que Eva sintiera que el mandamiento de Dios no era en realidad para su bien, puesto que le *estaba negando* algo, en lugar de prometerle algo? ¿Hay alguna razón por la cual Eva hubiera podido sentir esto? ¿Alguna vez te has sentido de esa misma manera?

e. Pon atención a las similitudes entre el progreso de la desobediencia de Eva (Génesis 3.6) y el que se da en Santiago 1.13-15. ¿Qué puedes aprender de estos pasajes respecto al hecho de ceder a la tentación?

f. Pablo escribió: «[...] y Adán no fue engañado, sino que la mujer, siendo engañada, incurrió en transgresión» (1 Timoteo 2.14). Engañar significa propiciar la aceptación de lo que es falso, en especial por medio de mañas o fraudulencia.[4] ¿Por qué crees que Eva fue tan fácilmente engañada? ¿Qué pudo haber hecho para evitar la trampa de Satanás?

g. A partir de lo que has estudiado de Eva, ¿qué elementos de esta historia representan un reto para tu obediencia a Dios? ¿Qué puedes hacer para fortalecer la parte de tu vida en la que sientes estás más vulnerable?

---

5. La esposa de Lot también recibió un mandato especial antes de la destrucción de Sodoma. Lee Génesis 19.15-17 y 19.26. ¿Por qué crees que miró hacia atrás?

¿Qué puedes aprender de este ejemplo sobre la obediencia y del propósito que Dios tiene al darnos mandamientos?

Obedeciendo por su poder

> «Nuestro Señor nunca insiste en la obediencia; Él nos dice muy enfáticamente qué es lo que debemos hacer, pero nunca hace algo para obligarnos a hacerlo. Tenemos que obedecerlo por nuestro propio espíritu».[5]
>
> Oswald Chambers

[4] *Roget's Thesaurus in Dictionary Form* [Sección de sinónimos del diccionario Roget], ed. Norman Lewis, s.v. «engañar».
[5] Oswald Chambers, *My Utmost for His Highest* [Lo mejor por su excelencia], p. 307.

6. Es nuestra la decisión de obedecer o no a Dios. Su deseo es una sumisión voluntaria. Si queremos ceder ante Él respecto a lo que nos está pidiendo, entonces no estamos solas en nuestra meta de obediencia.

¿De qué manera nos anima la Escritura a obedecer?

Isaías 30.21

Filipenses 2.13

Filipenses 4.13

Amy Carmichael escribe: «¿En realidad *estaré* dispuesta a hacer la voluntad de Dios? Si es así, Dios fortalecerá mi voluntad y me capacitará para hacerlo. *¿Estaré* dispuesta a conocer la voluntad de Dios? Si es así, no tomaré entonces en consideración mis propios sentimientos e intereses, "Porque ni aun Cristo se agradó a sí mismo, nunca buscó su propio placer"»[6] (Romanos 15.3).

7. Lee Mateo 4.1-11 y fíjate cómo Jesús responde a la tentación de Satanás.

Revisa el siguiente esquema. ¿Hay alguna área de tentación con la cual te sientas identificada? Si es así, menciona un ejemplo.

6 Amy Carmichael, *Thou Givest... They Gather* [Tú das... ellos se juntan], Christian Literature Crusade with Dohnavur Fellowship, Ft. Washington, PN, 1958, p. 114.

Tentaciones de Satanás a Eva y a Jesús[7]

Tentación	Génesis 3	Mateo 4
Atracción hacia los apetitos físicos	Puedes comer de cualquier árbol (3.1).	Puedes comer si transformas estas piedras en pan (4.3).
Atracción hacia una ganancia personal	No morirás (3.4).	No tropezarás con tu pie (4.6).
Atracción hacia el poder o la gloria	Serás como Dios (3.5).	Tendrás todos los reinos de la tierra (4.8-9).

La Versión Popular traduce 1 Juan 2.16-17 como sigue: «Porque nada de lo que el mundo ofrece viene del Padre, sino del mundo mismo. Y esto es lo que el mundo ofrece: los malos deseos de la naturaleza humana, el deseo de poseer lo que agrada a los ojos y el orgullo de las riquezas. Pero el mundo se va acabando, con todos sus malos deseos; en cambio, el que hace la voluntad de Dios vive para siempre».

REFLEXIÓN DE LA AUTORA: Para mí, la dificultad de obedecer no estriba tanto en la tentación de ceder al mal, como en la lucha por hacer lo que debo hacer. La desidia, el sobrecargarme de actividades y no vivir mis prioridades, son algunos de mis campos de batalla. Santiago escribió: «y al que sabe hacer lo bueno y no lo hace, le es pecado». La mayoría de mis tentaciones y pruebas son en cuanto a la decisión de involucrarme o no en actividades que, aunque son buenas en sí, pueden afectar mi caminar con Dios, mi relación familiar, u otras responsabilidades. De la misma manera como Eva fue engañada al pensar que se haría sabia por comer del fruto, así me sucede en ocasiones que tomo malas decisiones creyendo que son buenas.

Una vez Josué hizo un pacto de paz con los gabaonitas, a pesar de que Dios le había instruido con claridad que debían ser conquistados. Josué y los ancianos fueron engañados por las circunstancias, y se registra en Josué 9.14 que «no consultaron a Jehová».

Si tan solo Eva hubiera buscado el consejo de Dios. Si tan solo yo hubiera tomado más tiempo para consultarle a Dios sobre mis decisiones. Santiago dice que, si estamos faltos de sabi-

[7] *The Bible Knowledge Commentary* [Comentario de conocimiento bíblico], ed. John F. Walvoord & Roy B. Zuck, Victor Books, Wheaton, 1983, p. 27.

duría cuando nos encontramos en pruebas y luchas en nuestra vida, pidamos la dirección de Dios. Santiago 1.5 dice: «Y si alguno de vosotros tiene falta de sabiduría, pídala a Dios, el cual da a todos abundantemente y sin reproche y le será dada». Si quiero llegar a ser una mujer de excelencia, debo tomar tiempo para consultar, escuchar y después actuar.

Obedecer para crecer

Por sobre todas las cosas, el deseo de Dios para nosotras es que lleguemos a ser como su Hijo. Vemos en las Escrituras que Jesús, «por lo que padeció aprendió la obediencia» (Hebreos 5.8). Ciertamente, una de las principales formas en las que Dios nos enseña a obedecer y a crecer fuertes en nuestra fe es, resistiendo a las tentaciones y perseverando en las pruebas. Jesús es nuestro modelo; de la misma manera en que Él fue tentado y probado, seremos nosotras probadas. La forma en que respondemos a las distintas pruebas revela si tenemos o no un corazón obediente.

---

8. Pablo nos dice que debemos tener la misma actitud de Cristo. ¿Qué actitud manifestó Jesús en su camino a la obediencia? (Filipenses 2.5-8)

---

9. Lee 1 Pedro 1.6-7 y Santiago 1.2-3. ¿Cuáles son los propósitos de las pruebas y cómo debemos responder a ellas?

> «Es importante notar que Santiago no dice que el creyente deba estar gozoso *por* las pruebas, pero sí *en* las pruebas[...] Presiona profunda y fuertemente la fe de un cristiano y verás desplegada su realidad».[8]

[8] *The Bible Knowledge Commentary* [Comentario de conocimiento bíblico], pp. 841,820.

10. ¿Cuál es la promesa para quienes aprenden la obediencia a través de los sufrimientos?

Santiago 1.12

Santiago 5.11

1 Pedro 5.10

«Bueno me es haber sido humillado, Para que aprenda tus estatutos» Salmo 119.71).

«Tu situación presente, que quizá te está presionando muy duro, (si estás rendida a Cristo) es el mejor cincel en manos del Padre para darte forma para la eternidad. Confía en Él. No trates de quitarte el instrumento hasta que haya terminado su trabajo».[9]

Podríamos definir obediencia como el *sometimiento voluntario al proceso que Dios ha elegido para nosotras para conformarnos a la imagen de su Hijo.*

11. ¿Hay alguna situación en tu vida contra la cual estás luchando? ¿Cómo puedes comenzar a responder de manera bíblica a esta prueba?

12. Al hacer una evaluación general de todo el capítulo, ¿ves alguna forma específica por medio de la cual el Señor esté tratando de guiarte a fortalecer tu obediencia a Él?

[9] Mrs. Charles E. Cowman, *Streams of Desert* [Manantiales en el desierto], p. 214.

TEXTO SUGERIDO PARA MEMORIZAR: Filipenses 2.13

◆ ◆ ◆

> **«La mejor prueba de tu amor al Señor es la obediencia... ni más, ni menos, nada más».**
>
> **Charles R. Swindoll**

Jesús ha dicho: «Vosotros sois mis amigos, si hacéis lo que yo os mando» (Juan 15.14).

Parte tres: El precio

6

Excelencia:

Moldeada por la disciplina

«Aplica tu corazón
a la enseñanza, y tus oídos
a las palabras de sabiduría».
Proverbios 23.12

«Jesucristo es el ejemplo perfecto de la persona disciplinada. Cuando fue necesario ayunar, ayunó; cuando llegó el momento apropiado para celebrar con banquete, lo hizo. Cuando fueron necesarias sus enseñanzas, siempre tuvo el mensaje de vida para dar; cuando se hizo necesario el silencio, tuvo el poder para "no hablar ni una palabra"».

«En contraste con la rigidez de los escribas y los fariseos, Jesús siempre fue sensitivo a la palabra del Padre. Fue capaz de ignorar "las tradiciones de los hombres" cuando la respuesta apropiada era obedecer "la Palabra de Dios". Al hacerse necesario un sacrificio perfecto para nuestra redención, Jesús, en su soberanía, no rehuyó la humillación y se hizo "obediente hasta la muerte, y muerte de cruz". Cuando vemos a Jesús, comprendemos que la disciplina es liberadora, dadora de vida, jubilosa».[1]

La necesidad de la disciplina

---

1. «Como ciudad derribada y sin muro es el hombre cuyo espíritu no tiene rienda» (Proverbios 25.28). ¿Cómo define este versículo la falta de disciplina?

   ¿Por qué crees que la falta de autocontrol es comparable a una ciudad sin murallas?

---

2. Una buena síntesis para 2 Pedro 1.2-8 podría ser *poder, promesas y práctica*. Lee estos versículos detenidamente. ¿Qué le corresponde a Dios y que nos corresponde a nosotras en el crecimiento de nuestra fe? (Véase también 2 Timoteo 1.7 y Gálatas 5.22-23.)

[1] Richard Foster, *And We Can Live By It: Discipline* [Podemos vivir mediante ella: Disciplina], en *Decision Magazine* [revista Decisión], septiembre 1982, p. 11.

«[...] añadid a vuestra fe virtud[...]»(2 Pedro 1.5). «"Añadir" significa que hay algo que debemos hacer. Estamos en peligro de olvidar que no podemos hacer lo que Dios hace, y que Dios no hará lo que nosotros podemos hacer. No podemos salvarnos a nosotros mismos, ni tampoco santificarnos, es Dios quien lo hace; pero Dios no nos dará buenos hábitos, no nos dará un carácter, ni nos hará caminar en rectitud. Tenemos que hacer todo eso por nosotros mismos, tenemos que hacer efectiva en nosotros la salvación que Dios ya nos ha dado. "Añadir" significa adoptar el hábito de hacer cosas...»[2]

Oswald Chambers

3. *Estudio de palabras en griego.* Busca los versículos siguientes para ver cómo son usadas las distintas palabras que existen en griego para disciplina.[3] Escribe la palabra equivalente en español que usa tu Biblia en la columna contigua.

Referencias	Griego	Equivalente en español
Tito 2.5 Romanos 12.3 2 Timoteo 1.7	*sôphrôn*	(ser de mente saludable)
Gálatas 5.23 2 Pedro 1.6	*enkrateia*	(poder sobre sí mismo)
1 Timoteo 4.7 Hebreos 5.14	*gymnazô*	(práctica)

[2] Oswald Chambers, *My Utmost for His Highest* [Lo mejor por su excelencia], p. 131.

[3] Las palabras en griego fueron tomadas de *The New International Dictionary of New Testament Theology* [El Nuevo Diccionario Internacional de Teología del Nuevo Testamento], vol. 3, ed. Colin Brown, Zondervan, Grand Rapids, 1971, pp. 502, 494, 496, 313.

> «Hariamos bien en pensar de la vida cristiana como una via de gracia y disciplinada. Es de disciplina por que hay trabajo que hacer. Es de gracia, porque la vida de Dios a la cual entramos, es un regalo que nunca habríamos podido merecer. Amorosamente Dios trabaja con su vida en nosotros por pura gracia, y con gozo vamos cincelando la realidad de esta nueva vida en el yunque de la disciplina. Recordemos que la disciplina en y por sí misma no nos hace justos; sólo nos pone frente a Dios. Habiendo hecho esto, la disciplina ha llegado al fin de su camino. La transformación... es trabajo de Dios».[4]
>
> Richard Foster

Áreas de disciplina: nuestra mente

4. En Proverbios leemos: «Porque cual es su pensamiento en su corazón, tal es él» (23.7). Dios nos ha dado instrucciones específicas respecto a nuestra mente. ¿Qué es lo que se nos demanda hacer en los siguientes versículos?

Isaías 26.3

Romanos 12.2

2 Corintios 10.5

Colosenses 3.2

¿Por qué crees que se pone tal énfasis en la mente?

[4] Foster, *Discipline* [Disciplina], p. 11.

5. Lee Romanos 8.6-8. ¿Qué dicen estos versículos acerca de la mente?

> «Este pasaje (Romanos 8.6-8) aclara que la forma en que uno piensa está íntimamente relacionada con el modo en que uno vive, ya sea en Cristo, en el Espíritu y por la fe, o alternativamente en la carne, en pecado y en muerte espiritual».[5]

Nuestra voluntad

> «A veces se cree que las emociones son el poder que gobierna en nuestra naturaleza. Pero creo que todos sabemos, por experiencia, que hay algo dentro de nosotros, detrás de las emociones y deseos. Un ser independiente, que, después de todo, decide y controla cada cosa. Somos dueños de nuestras emociones, las sufrimos y las disfrutamos, pero no son la persona en sí; y si Dios toma posesión de nosotros, debe ser en esta voluntad central o personalidad en la que Él entra».[6]
>
> Hannah Whitall Smith

6. Nuestra respuesta a Dios no debe depender de cómo nos *sentimos*. A partir de los siguientes pasajes, escribe cualquier ilustración que encuentres en la cual el salmista ejercite su voluntad.

Salmo 101.1-4

Salmo 119.101, 173

[5] *Dictionary of New Testament Theology* [Diccionario de Teología del Nuevo Testamento], p. 617.

[6] Hannah Whitall Smith, *The Christian's Secret of a Happy Life* [El secreto cristiano de una vida feliz], p. 80.

Nuestras emociones

El psicólogo cristiano Larry Crabb enseña que un pensamiento y un comportamiento rectos conducen hacia sentimientos rectos.[7] Nuestra emociones son consecuencias de nuestro pensamiento y nuestra conducta. Si hago lo que debo (obedecer, escribir cartas, terminar un proyecto), tengo buenos sentimientos. Puesto que nuestros sentimientos están íntimamente ligados a lo que pensamos y hacemos (o no hacemos), no podemos confiar en nuestras emociones para guiarnos. Cuando nos sentimos heridos o rechazados, debemos disciplinar nuestra mente y voluntad para volver a la verdad. La verdad es que Dios nos ama y es con nosotros. Si le decimos a Dios cómo nos sentimos, buscamos hablar la verdad en amor, y nos reconciliamos con quien nos ha herido, significa que hemos sido obedientes al eligir hacer lo que es correcto, en lugar de deprimirnos al dejarnos guiar por nuestras emociones.

---

7. Una de las mejores formas para manejar nuestras emociones es reconocer por completo nuestros sentimientos ante Dios.

   Lee el Salmo 109.

   David estaba molesto, herido y rechazado. Escribe cualquier observación que puedas hacer respecto a la expresión que David hace de sus emociones ante Dios.

   ¿Cuáles son las conclusiones después del tiempo que David pasa con Dios? (vv. 30,31)

> «La disciplina de las emociones es la práctica de las reacciones».[8]
>
> Elisabeth Elliot

[7] Larry Crabb, en un seminario en Glen Eyrie, Colorado Springs, enero 1984.

[8] Elisabeth Elliot, *Discipline: The Glad Surrender* [Disciplina: la grata sumisión], Fleming H. Revell, Old Tappan, NJ, 1982, p. 15.

8. En Lamentaciones, Jeremías también admite sus sentimientos ante Dios. Lee Lamentaciones 3.1-26.

a. ¿Cuáles fueron los sentimientos de Jeremías antes del v. 21?

b. ¿Cuál fue el *pensamiento* de Jeremías después del v. 21?

(Observa la importancia de no descansar en nuestros sentimientos, sino de ejercitar nuestra determinación de pensar en la verdad.)

«Deja de pensar en tus emociones, pues son sólo siervas; y considera sólo tu voluntad, que es la que en realidad reina en tu ser. Tu voluntad, ¿le pertenece a Dios? ¿Has decidido creer? ¿Has elegido obedecer?... Y cuando hayas logrado este secreto... que no necesites velar por tus emociones, sino simplemente por el estado de tu voluntad, todos los mandamientos de la Escritura que hablan de ceder tu vida a Dios, de presentarte como un sacrificio vivo ante Él, de permanecer en Cristo, caminar en la luz, y morir a ti mismo, llegarán a hacerse posibles en ti; pues ahora estás consciente que tu voluntad puede actuar en todo esto y puede decidirse por Dios; aunque de haber sido tus emociones las que lo hubieran hecho, sabiendo que son completamente incontrolables, te habrías sumergido en profunda desesperación».[9]

Hannah Withall Smith

Nuestros cuerpos

9. Las Escrituras nos recuerdan que nuestros cuerpos son el templo del Espíritu Santo (1 Corintios 6.19). ¿Qué instrucciones (o ejemplos) se dan en Romanos 12.1 y en 1 Corintios 9.25-27 respecto a nuestros cuerpos?

[9] Hannah Whitall Smith, *The Christin's Secret* [El secreto cristiano], pp. 84-85.

¿Por qué es importante honrar y disciplinar nuestros cuerpos?

«Ciñe de fuerza sus lomos, y esfuerza sus brazos».
Proverbios 31.17.

Nuestro tiempo

10. Hay infinidad de cursos y de libros que nos dicen cómo manejar nuestro tiempo. Normalmente, no es más información lo que necesitamos, sólo más disciplina. Alguien dijo: «Siempre hay suficiente tiempo para hacer la voluntad de Dios». ¿Estás de acuerdo con esta afirmación? ¿Por qué, o por qué no?

11. ¿Cuál es el propósito de aprovechar al máximo nuestro tiempo?

Efesios 5.15-17

Salmo 90.12

Una de las armas más poderosas de Satanás es hacernos perder tiempo, o posponer las cosas. El Satanás de C. S. Lewis, de nuevo le dice a su sobrino Amargor respecto al uso del tiempo de sus pacientes: «Todas las actividades saludables y al aire libre que queremos que evite pueden ser inhibidas y no se le tiene que dar *nada* a cambio, para que al final diga, como uno de mis pacientes cuando llegó aquí abajo: "Ahora veo que gasté la mayor parte del tiempo de mi vida en hacer lo que no quería ni debía hacer"»[10]

[10] C.S.Lewis, *The Screwtape Letters* [Cartas de Screwtape]

REFLEXIÓN DE LA AUTORA: Definitivamente la excelencia en nuestro tiempo está moldeada por la disciplina. Las palabras de Jesús son muy ciertas: «Velad y orad, para que no entréis en tentación; el espíritu a la verdad está dispuesto, pero la carne es débil». A menudo mis intenciones son buenas, pero nunca las logro cumplir porque no ejército mi voluntad sobre mis sentimientos o sobre mi perezoso cuerpo. Richard Foster dijo: «La persona disciplinada es aquella que puede hacer lo que se necesita hacer, cuando es necesario hacerlo».[11]

Dos precauciones respecto a la disciplina: Primero, la disciplina no es rígida. No significa que mi horario no puede ser nunca interrumpido. Foster escribe: «La persona disciplinada es una persona flexible... La persona disciplinada siempre está libre para responder a cada momento de gracia divina».[12] Cuando soy disciplinada, con frecuencia me puedo poner al día con las responsabilidades y entonces puedo hacer algún cambio de planes e interrupciones. Es cuando estoy atrasada e indisciplinada que se me hace difícil ser flexible. La segunda precaución es, la disciplina no debe nunca llegar a ser legalista. Swindoll ha definido el legalismo como «conformarse a un modelo con el propósito de exaltar el ego». El propósito de nuestra disciplina debe ser ordenar nuestras vidas de tal forma que podamos estar disponibles para ser usadas por Dios.

---

12. ¿Qué área de tu vida sientes que necesita más disciplina?

¿Qué podrías comenzar a hacer ahora para desarrollar tu auto-control en esa área?

> «Un hombre puede ser consagrado, dedicado y devoto, pero de poco valor si es indisciplinado».
>
> Hudson Taylor

11 Foster, *Discipline* [Disciplina], p. 10.
12 Foster, *Discipline* [Disciplina], p. 10.

13. **Quizá te gustaría establecer una meta a corto plazo para cada una de las áreas que hemos estudiado. Usa este cuadro si crees que te puede ser útil.**

Área	Meta	(Posibles metas)
Mente		Memorización consistente de la Escritura, plan de lectura para la Biblia o cualquier otro libro cristiano.
Voluntad		Algo a lo que necesites decir «sí» o «no». Decidir cooperar con Dios al elegir hacer lo correcto.
Emociones		Llevar un diario expresando tus sentimientos hacia Dios.
Cuerpo		Ejercicio consistente, dieta balanceada
Tiempo		Hacer una lista de prioridades cada día y al menos tratar de cumplir los puntos más importantes.

TEXTO SUGERIDO PARA MEMORIZAR: Proverbios 23.12

❖ ❖ ❖

Creo que esta meditación escrita por Joseph Bayly expresa mi sentimiento hacia la disciplina. No quiero lamentarme al terminar el día por haber sido totalmente indisciplinada. Quiero centrarme en el Señor y agradarle a Él.

Señor Cristo
Tu siervo
Martín Lutero
dijo que sólo tenía
dos días
en su calendario:
hoy
y «ese día».
Y eso
quiero yo también.
Y quiero
vivir
hoy
por
ese día.

Parte tres: El precio

7

Excelencia:
Guardada por la discreción

«La discreción te guardará;
te preservará la inteligencia,
para librarte del mal camino[...]»
Proverbios 2.11-12a

Salomón escribió: «Como zarcillo de oro en el hocico de un cerdo es la mujer hermosa y apartada de razón» (Proverbios 11.22). Nuestra apariencia, habilidades y conocimiento se esfuman en el panorama si no se hace evidente la discreción en nuestro comportamiento. La discreción ha sido definida como hacer y decir lo correcto, de la manera correcta y en el momento preciso. Bill Gothard define la discreción como la habilidad de evitar las palabras, acciones y actitudes que podrían ocasionar resultados desagradables. Discreción viene de la palabra griega, *sôphrôn*, que significa mente equilibrada, autocontrolada, sana, temperada, sensible.[1] Hacer uso de la discreción en nuestro diario vivir será de gran ayuda, de modo que no seamos como ese anillo de oro, ¡fuera de lugar!

Definición de discreción

1. Con el fin de entender claramente lo que significa discreción, busca las siguientes palabras en el diccionario. Anota los significados primario y secundario.

discreto

discreción

prudencia

autocontrol

sensible

[1] *The Analytic Greek Lexicon Revised* [Léxico Analítico Griego Revisado], ed. Harold K. Moulton, Zondervan, Grand Rapids, 1978, p. 396.

2. Los Proverbios son la fuente de la Escritura principal para adquirir sabiduría, conocimiento, entendimiento y discreción. ¿Qué comentarios puedes hacer sobre la discreción a partir de los siguientes versículos?

Proverbios 2.11

Proverbios 5.1-2

Proverbios 8.1

3. Lee Tito 2.3-5. ¿Por qué crees que Pablo le pidió a las mujeres ancianas que enseñaran discreción y autocontrol a las mujeres jóvenes?

Demostraciones de discreción

LENTA PARA HABLAR

4. ¿Cómo describen estos Proverbios a quien es discreta o indiscreta en su conversación?

Proverbios 15.28

Proverbios 17.27-28

Proverbios 18.13

Proverbios 29.20

«Recuerden esto, queridos hermanos: todos ustedes deben estar listos para escuchar; en cambio deben ser lentos para hablar y para enojarse. Porque el hombre enojado no hace lo que agrada a Dios».

Santiago 1.19-20, Dios habla hoy

---

5. Ester era una mujer judía que fue elegida para ser la esposa del rey de Persia. Durante su reinado, el primer ministro, Amán, convenció al rey para que firmara un edicto para destruir a todos los judíos de la tierra. Mardoqueo, el primo de Ester, la animó para que le hablara al soberano respecto al edicto de muerte sobre los judíos.

   Lee Ester 4.15—7.10.

   ¿Qué crees tú que fue lo que ayudó a Ester a esperar para compartir lo que había en su corazón? (Si yo hubiera estado en su lugar, posiblemente habría descubierto de inmediato al malvado de Amán, y habría apelado emocionalmente a la conciencia de mi esposo.)

   ¿Qué puedes aprender de esta mujer de discreción?

---

6. Lee Lucas 2.15-20. Después de todo lo que María, la madre de Jesús, había experimentado sobre la milagrosa obra de Dios en su vida, ¿cómo responde?

¿En qué sentido crees que María ejemplifica la discreción?

7. ¿Cuáles son las pautas que Pablo presenta en Efesios 4.29 para quienes quieren aprender la discreción?

«Si soy capaz de disfrutar de una broma a expensas de otra persona; si puedo en cualquier forma insultar a otro en conversación, o aun en el pensamiento, entonces no sé nada sobre el amor del Calvario».[2]

Amy Carmichael

TARDA PARA LA IRA

8. «La cordura del hombre detiene su furor, y su honra es pasar por alto la ofensa» (Proverbios 19.11). ¿Qué nos dicen los siguientes Proverbios respecto a ser lentas para la ira?

Proverbios 12.16

Proverbios 15.1

Proverbios 16.32

[2] Amy Carmichael, *If* [Si].

«La clave para la paciencia aun bajo provocación es buscar el desarrollo de la propia característica de Dios de ser "tardo para la ira" (Éxodo 34.6). La mejor manera para desarrollar esta lentitud para airarse es reflexionar frecuentemente en la paciencia de Dios hacia nosotros. La parábola del siervo malvado (Mateo 18.21-35) tiene el propósito de ayudarnos a reconocer la necesidad de ser pacientes con los demás, al reconocer la paciencia de Dios con nosotros... Somos como el siervo malvado cuando perdemos nuestra paciencia al dejarnos provocar. Ignoramos la paciencia extrema que Dios nos tiene. Disciplinamos a nuestros hijos con ira, mientras que Dios nos disciplina con amor. Estamos listos para castigar a la persona que nos provoca, mientras que Dios está presto a perdonarnos. Estamos ansiosos de ejercitar nuestra autoridad, mientras que Dios está impaciente de ejercitar su amor. Esta clase de paciencia no ignora la provocación de los otros; simplemente trata de responderles de la manera más piadosa».[3]

Jerry Bridges

VISTE DISCRETAMENTE

9. ¿Qué guía se presenta en 1 Timoteo 2.9-10 a las «mujeres que profesan piedad» respecto a su manera de vestir?

   ¿Cómo podemos aplicar estos versículos en nuestro días?

10. En 1 Pedro 3.3-4, ¿cuál es la perspectiva que añade Pedro a nuestra consideración en cuanto a cómo vestirnos?

[3] Jerry Bridges, *The Practice of Godliness* [La práctica de la piedad], NavPress, Colorado Springs, 1983, pp. 207-208.

PLANEAR HACIA EL FUTURO

11. Parte de la prudencia es la habilidad para prever. ¿Qué nos enseñan los siguientes versículos respecto a «planear con anticipación»?

Proverbios 14.15

Proverbios 31.21

Proverbios 31.25, 27

12. Mateo 25.1-13 registra la parábola de las diez vírgenes. ¿Qué nos enseña Jesús en esta historia respecto a ser previsoras?

REFLEXIÓN DE LA AUTORA: La discreción es algo tan necesario en mi vida que he memorizado el Salmo 69.5-6 y los he adoptado como los versículos de mi vida. «Dios, tú conoces mi insensatez y mis pecados no te son ocultos. No sean avergonzados por causa mía los que en ti confían, oh Señor Jehová de los ejércitos; no sean confundidos por mí los que te buscan, oh Dios de Israel».

Para practicar la discreción en mi vida, me he trazado las siguientes metas:

- *ser lenta para hablar: tratar de no decir palabra alguna que sea desagradable con respecto a alguien.*
- *ser tarda para la ira: ser lenta para la ira no sólo hacia mi familia, sino hacia quienes no conozco y me frustran. (Otros conductores de vehículos, gente que me atiende o no me atiende en las tiendas, etc.)*
- *vestir discretamente: tratar de no atraer o distraer la atención con mi forma de vestir.*

- *planear hacia el futuro: hacer un horario básico y mantener una lista de cosas que necesito hacer en el futuro.*

Nuestro propósito de ser discretas está dado en Tito 2.5, «para que la palabra de Dios no sea blasfemada».

Aplicar la discreción

13. Guardar significa defender, mantener en seguridad, prevenir o asegurarse contra dificultades o ataques. Después de estudiar la discreción, ¿cómo piensas que ésta puede guardar tu vida?

14. Practicar la discreción en nuestra vida trae resultados inmediatos. El ser tardos para hablar y para la ira se hará rápidamente evidente para quienes nos rodean.

    ¿Qué necesidades tienes en el área de la discreción?

    ¿Qué cosa en específico puedes comenzar a hacer para llenar tu necesidad? (Por ejemplo: memorizar versículos, hacer amistad con una anciana en el Señor, pedir la opinión de alguien sobre tu vestimenta, tomar una libreta y comenzar a planear para el futuro.)

TEXTO SUGERIDO PARA MEMORIZAR: Santiago 1.19

❖ ❖ ❖

«[...] Jehová te dé entendimiento y prudencia[...]»
1 Crónicas 22.12

Parte tres: El precio

8

Excelencia:

Hecha preciosa por un suave y dulce espíritu

«Vuestro atavío no sea
el externo de peinados ostentosos,
de adornos de oro
o de vestidos lujosos,
sino el interno, el del corazón,
en el incorruptible ornato
de un espíritu afable y apacible,
que es de grande estima
delante de Dios».

1 Pedro 3.3-4

Una mujer que posee un espíritu apacible y dulce no sólo es preciosa para Dios, sino atractiva para otros. Viste apropiadamente, pero es su atavío interior el que se nota, porque está segura y confiada en su espíritu. Es agradable, alegre y libre para dar a otros. Ciertamente una de las cualidades más importantes de la mujer de excelencia es el espíritu dulce y apacible.

Definición de un espíritu dulce y apacible

1. Para comenzar a entender lo que significa un espíritu dulce y apacible, define las siguientes palabras (usa el diccionario para ayudarte a hacerlo con precisión):

   dulce:

   quieto:

   manso (La palabra griega prayes [manso] y praytes [mansedumbre] son palabras que implican dulzura, humildad y consideración por otros.):[1]

   calma

   espíritu

   Partiendo del estudio que has hecho de estas, escribe tu propia definición de un espíritu dulce y apacible.

[1] William Klein, «Greek Word Study» [Estudio de palabras griegas], en *The Small Letter* [La carta del grupo pequeño], vol. 1, No. 2, mayo 1984, p. 6.

2. En 1 Timoteo 6.11, Pablo menciona la mansedumbre como una cualidad a seguir. ¿Por qué crees que haya sido incluida la dulzura en esta lista?

3. Lee 1 Tesalonisenses 2.5-9. ¿Cómo caracteriza Pablo la dulzura en estos versículos?

4. ¿Cómo se presenta la cualidad de quietud en cada uno de los siguientes pasajes? (Nota los contextos diferentes de cada uno de estos versículos.)

Proverbios 17.1

Eclesiastés 9.17

Isaías 30.15

5. Lee Mateo 11.28-30. ¿Qué es lo que Jesús nos promete en este pasaje?

¿A qué se refiere Cristo cuando nos dice:

«venid»?

«tomad mi yugo»?

«aprended de mí»?

> «Un tiempo de quietud es un tiempo apartado para profundizar en el conocimiento de tu Señor, para enriquecer tu relación personal con Él, para convivir con Él, para amarlo, adorarlo, de una manera muy personal... Lo que logres alcanzar de calma y dulzura de espíritu, dependerá de cuán regular, consistente, persistente y obedientemente participes de la Palabra de Dios, que es tu comida espiritual».[2]
>
> Shirley Rice

6. ¿De qué manera los siguientes versículos que hablan del cuidado de Dios hacia nosotras, nos ayudan a adquirir un espíritu dulce y apacible?

Salmo 18.30-35

[2] Shirley Rice, *The Christian Home: A Woman's View* [El Hogar Cristiano: la visión de una mujer], Norfolk Christian Schools, Norfolk, VA, 1965.

Romanos 8.28

1 Corintios 10.13

«Nuestro Señor pudo morir con la misma calma con la que vivió. Él sabía cómo las cosas cambiarían. Sabía que su aparente derrota se tornaría en gloria universal para la raza humana».

A.W. Tozer

7. Es importante estar seguras en la soberanía amorosa de Dios para tener un espíritu dulce y apacible. Lee Rut 1.2.13.
¿Qué demostró en la vida de Rut que estaba bajo el cuidado de Dios?

¿De qué manera Dios la cuidó y la protegió?

¿Cómo describe Booz a Rut en Rut 3.11?

«El reposo no es un sentimiento divino que recibimos en la iglesia; es el reposo de un corazón depositado en Dios».[3]

Henry Drummond

[3] Henry Drummond, en *Streams in the Desert* [Manantiales en el desierto], p. 176.

8. Lo siguiente es una lista de obstáculos que me hacen perder la calma y la dulzura. Quizá quieras añadirla a la lista. Examina las Escrituras y escribe algunas ideas clave de cada uno de los pasajes en tus propias palabras. Luego, de ser necesario, usa esta sección del estudio para autoevaluarte cuando sientas que tu espíritu está inquieto e irritable.

   a. Pecados no confesados: Salmo 32.3-5

   b. Ira: Efesios 4.26

   c. Espíritu rencoroso: Efesios 4.32

   d. Egocentrismo: Filipenses 2.3-4

   e. Ansiedad: Filipenses 4.6-7

«Hay una pasividad perfecta que no es la pereza. Es la quietud viva, nacida de la confianza. La tensión tranquila no es confianza. Es simplemente ansiedad comprimida».[4]

Mrs. Charles E. Cowman

   f. Responsabilidades desatendidas: Proverbios 31.27

[4] Mrs. Charles E. Cowman, *Streams in the Desert* [Manantiales en el desierto], p. 108.

g. Fatiga: Salmo 127.1-2

h. Desórdenes físicos: 2 Corintios 12.7-10

REFLEXIÓN DE LA AUTORA: Un día visité el hogar de una amiga y esa tarde estuve irritable. Cuando examiné mi corazón, para tratar de averiguar la causa de mi frustración, me di cuenta que estaba envidiosa, celosa y descontenta con mi propio hogar. Todas estas reacciones son verdaderos enemigos de un espíritu dulce y apacible.

Cuando estoy en apuros, o cuando me he comprometido con algo y no puedo tener todo listo, me siento invadida por la ansiedad. Cuando pospongo el lavado de platos, la limpieza de la casa, o escribir una carta que debía, comienzo a sentirme frustrada. Cuando me desvelo y no descanso lo suficiente, me es muy difícil ser cortés y agradable. Cuando me pongo cruel y crítica, le pido al Señor que me haga ver por qué estoy así. La mayoría de las veces la fuente de mi irritabilidad es alguno de los obstáculos mencionados en la lista de la página anterior. Algunas veces me ha respondido que no he pasado suficiente tiempo con Él y su Palabra. Creo que Proverbios 31.25 es un buen resumen de lo que significa un espíritu dulce y apacible: «Fuerza y honor son su vestidura; y se ríe de lo porvenir».

---

9. Revisa todo el capítulo y escribe algunas ideas respecto a tu meta de adquirir y mantener un espíritu dulce y apacible. Incluye formas específicas que puedes comenzar a incorporar en tu vida, la ecuanimidad de espíritu, que es preciosa para Dios.

TEXTO SUGERIDO PARA MEMORIZAR: 1 Pedro 3.3-4

❖ ❖ ❖

«Me he dado cuenta que en dondequiera que un alma consagrada ha seguido fielmente al Señor, inevitablemente, tarde o temprano, han sucedido varias cosas.

La mansedumbre y la quietud de espíritu llegan a ser en un momento dado las características de la vida diaria. La aceptación sumisa de la voluntad de Dios, tal y como se da en los asuntos cotidianos, se hace manifiesta; la docilidad en las manos de Dios para hacer o sufrir todo el buen deseo de su voluntad; dulzura ante la provocación; calma en medio de la agitación y la prisa; condescendencia ante los deseos de otros, e insensibilidad ante los desaires y humillaciones; ausencia de mortificaciones o ansiedad; liberación de las preocupaciones y miedos; todo esto, y muchas otras gracias similares, inevitablemente vienen a ser el resultado natural desarrollado por esa vida interior que está escondida con Cristo en Dios».[5]

Hannah Whitall Smith

[5] Hannah Withall Smith, *The Christian's Secret of Happy Life* [El secreto cristiano de una vida feliz], p. 201.

Parte tres: El precio

9

Excelencia:

Perfeccionada en la pureza

«Sobre toda cosa guardada,
guarda tu corazón;
porque de él mana la vida».
Proverbios 4.23

Conocer, experimentar, o ver a Dios ha sido el deseo más profundo y esperado por todos aquellos que de verdad aman a Dios. Pablo escribió: «[...] estimo todas las cosas como pérdida por la excelencia del conocimiento de Cristo Jesús, mi Señor[...]» (Filipenses 3.8). La Escritura aclara muy bien que si vamos a experimentar y a ver a Dios, tenemos que ser puras y santas. Ser santa es estar moralmente sin culpas, estar separada del pecado y por lo tanto consagrada a Dios. «Dios ha provisto todo lo que necesitamos para alcanzar la santidad», escribió Jerre Bridges. «El nos ha liberado del reino del pecado y nos ha dotado con su Santo Espíritu. Ha revelado su voluntad de vida santa en su Palabra, y Él actúa en nosotras para que resolvamos y actuemos de acuerdo a sus buenos propósitos».[1] El reto para hoy en día es ser puras en medio de esta generación corrupta y perversa. ¿Qué ayuda y aliento podemos recibir de las Escrituras para lograr nuestra meta de perfeccionar la excelencia a través de la pureza?

El anhelo de Dios por la pureza

1. ¿Qué atributo de Dios se enfatiza en los siguientes versículos?

   Salmo 99.3,5,9

   Isaías 6.3

   Isaías 57.15

   Hebreos 7.26

2. Efesios 5.1 dice: «Sed, pues, imitadores de Dios como hijos amados». Dios desea que manifestemos e incrementemos

[1] Jerry Bridges, *The Pursuit of Holiness* [La búsqueda de santidad], NavPress, Colorado Springs, 1984, p. 157.

nuestro parecido con Él. De cada uno de los siguientes pasajes, selecciona una verdad que resulte más significativa para ti en relación a ser «imitadores» de la santidad y pureza de Dios.

Efesios 5.3-4

1 Tesalonicenses 4.3-8

Hebreos 12.14

1 Pedro 1.13-16

> «Por medio de la fe y la obediencia, de la constante meditación en la santidad de Dios, por el amor a la justicia y el desprecio a la iniquidad, a través de una relación en crecimiento con el Espíritu de santidad, es que podemos prepararnos para una relación con los santos en la tierra y para la eterna compañía de Dios y de los santos».[2]
>
> A.W. Tozer

El diseño de Dios para la pureza

3. ¿Cuáles son los principales campos de batalla o tropiezos que enfrentamos en nuestra meta hacia la pureza?

Marcos 7.15, 20-23

Efesios 6.12

2 A.W. Tozer, *The Knowledge of the Holy* [El conocimiento de lo santo].

Santiago 1.13-16

1 Juan 2.15-16

¿En qué campo de batalla te encuentras con mayor frecuencia?

4. ¿Qué nos enseñan los siguientes versículos acerca del rechazo al pecado?

Romanos 6.11-14

Colosenses 3.1-5

1 Juan 3.7-9

Elisabeth Elliot escribe con respecto a las características de la vieja naturaleza mencionadas en Colosenses 3.5: «Estos son los productos del deseo humano, si se le da rienda suelta a éste. El cristiano ha entregado las riendas a su Maestro. Sus deseos humanos están bajo control. Estos deseos todavía existen, siguen siendo fuertes, naturales y humanos, pero están sometidos al poder supremo del Espíritu. Son purificados y rectificados conforme vivimos día a día en fe y obediencia».[3]

5. Se nos ha dicho con frecuencia que, en la lucha contra la tentación, respondamos de manera específica a Dios y tam-

[3]Elisabeth Elliot, *Passion and Purity* [Pasión y santidad], Fleming H. Revell, Old Tappan NJ, 1984, p. 94.

bién reaccionemos en forma concreta a Satanás o a nuestra vieja naturaleza. Busca en los siguientes versículos y escribe la respuesta apropiada en la columna correspondiente.

Versículo	Respuesta a Dios	Respuesta a la vieja naturaleza o a Satanás
Efesios 6.10-11	Ponerse toda la armadura de Dios	Estar firmes contra las asechanzas del Diablo
Colosenses 3.9-10		
Santiago 4.7		
1 Pedro 5.8-9		

«Para experimentar el gozo, tenemos que tomar ciertas decisiones. Debemos decidir abandonar el pecado, no sólo porque nos está destruyendo, sino porque entristece el corazón de Dios. Debemos decidir considerar el hecho de que estamos muertos al pecado, libres de su reino y dominio y ahora podemos en realidad decir no al pecado. Debemos decidirnos a aceptar nuestra responsabilidad de disciplinar nuestras vidas por la obediencia».[4]

Jerry Bridges

REFLEXIÓN DE LA AUTORA: Hace algunos años había una miniserie por la televisión llamada al «Este del Edén». Cuando leí los anuncios presentándola, sentí el deseo de ver el programa. Lo que yo pensé fue: «Está basado en la Biblia, sería interesante ver cómo presentan los escritores el conflicto entre Caín y Abel,

[4] Bridges, *Pursuit of Holiness* [Búsqueda de santidad], p. 157.

deberías ver esta serie y criticarla». Conforme leí, me di cuenta que había escenas de seducción y partes de la película que seguro no honraban a Dios. No vi al Este del Edén y quizá fue muy pronto para juzgar, pero al orar, supe en mi corazón que eso no estaba bien para mí.

Quiero compartir una definición de pecado que me ha ayudado y guiado inmensamente, en especial en áreas "oscuras":

«Pecado: Todo lo que debilita tu razón, destruye la compasión de tu conciencia, obscurece tu sentido de Dios, o te roba el gusto por las cosas espirituales, eso es pecado para ti, a pesar de lo inocente que pueda resultar en sí mismo».

No es que todas las novelas, la televisión o la música sean malas. Pablo escribe en 1 Corintios 6.12: «Todas las cosas me son lícitas, mas no todas convienen; todas las cosas me son lícitas, mas yo no me dejaré dominar de ninguna». La pregunta aquí para el cristiano comprometido es, en qué forma este libro o programa influirá mi caminar con Dios y mi visión de la vida?

Otro aspecto de la pureza que constantemente debo evaluar es la sutileza del compromiso y la comparación. A menudo pienso: «Bueno, después de todo yo no hago eso», o, «No soy tan mala como muchas otras», o «Mis pequeños pecados no se comparan a los que ella hace». Lo que me ayuda aquí es pensar que debo observar mi propia pureza, no compararla con la de otros, sólo con la de Cristo. Jesús dijo: «Siempre hago lo que agrada al Padre». Andrew Bonar escribió: «No es la importancia de la cosa, sino la majestad del Legislador, lo que debe ser el modelo de obediencia. ¿Se trata de un Legislador santo?

El reto y la pregunta los encontramos en la Escritura: «Mujer virtuosa, ¿quién la hallará? Porque su estima sobrepasa largamente a la de las piedras preciosas».

---

6. Los siguientes versículos enfatizan la importancia de la mente en relación a la santidad. ¿Qué instrucciones específicas se dan?

Salmo 119.9-11

Filipenses 4.8

> «Nuestro sentido de pecado está en proporción a nuestra cercanía con Dios».
>
> Thomas Bernard

7. Es importante estar consciente del pecado que nos rodea. Escribe en tus propias palabras lo que estos versículos nos invitan a hacer, para ayudarnos en esta área.

   Proverbios 4.23

   Efesios 6.13

   1 Pedro 5.8

> «Una cosa que no puedo tolerar si es que existe un enemigo de las almas (de los cual no tengo la menor duda que lo hay), es el deseo por la pureza. De ahí que la pasión del hombre y la mujer se conviertan en su campo de batalla. El Amante de las almas no interfiere en esto. Me quedé perpleja ante esto, pues pareciera que Él debería intervenir, pero no. Quiere que aprendamos a usar nuestras armas».[5]
>
> Elisabeth Elliot

8. Hace algunos años me di cuenta que debería establecer ciertas convicciones en relación a diferentes áreas de pureza en mi vida. Ora al respecto, piensa y escribe tus convicciones en torno a:

   • tus relaciones con los hombres

[5] Elisabeth Elliot, *Passion and Purity* [Pasión y santidad], p. 26.

• tu forma de vestir

• tu forma de hablar

• tus actividades

---

9. La Versión Popular de la Biblia traduce Proverbios 16.2 como sigue: «Al hombre le parece bueno todo lo que hace, pero el Señor es quien juzga las intenciones».

   a. Qué nos dice este versículo sobre: 1) ¿cuál *debe ser* y 2) cuál *no debe* ser la fuente de nuestros patrones de pureza?

   b. ¿En qué áreas de tu vida sientes que eres más susceptible a establecer tus propios patrones de pensamiento o conducta sin buscar la guía de Dios?

Las siguientes preguntas pueden serte de ayuda al momento de discernir tus motivos para elegir aquello que es santo.

- ¿Es útil, física, espiritual y mentalmente? (1 Corintios 6.12)
- ¿Me domina? (1 Corintios 6.12)
- ¿Hace daño a otros? (1 Corintios 8.13)
- ¿Glorifica a Dios? (1 Corintios 10.31)
- ¿Lo puedo hacer en Su nombre? (Colosenses 3.17)

El gozo de Dios en la pureza

10. De acuerdo a los versículos siguientes, ¿cuáles son los resultados de vivir una vida pura?

Salmo 24.3-5

Mateo 5.8

> «El contemplarse frecuentemente en la santidad de Dios y su constante odio hacia el pecado es un fuerte obstáculo contra la frivolidad del pecado».[6]
>
> Bridges

Aplicación: inventario espiritual

¿Has confesado y olvidado aquellas acciones pasadas que han violado los patrones morales de Dios? ¿Has clamado por la sangre del Señor Jesucristo para que te limpie y sane?

¿Tus amistades cercanas practican la pureza?

¿Cuentas con alguien a quien llamar o acudir para que ore de manera especial por ti cuando enfrentas tentaciones particulares?

[6] Bridges, *Pursuit of Holiness* [Búsqueda de santidad], p. 33.

¿Qué área de tu vida necesita ser protegida del pecado?

¿Qué puedes empezar a hacer para cuidar de esta área?

«Más pureza dame, más odio al mal, más libre del mundo, más consagración. Más presto en servirte, más útil seré. Más santo y bendito, más digno de ti».

P.P. Bliss.

TEXTO SUGERIDO PARA MEMORIZAR: Proverbios 4.23

❖ ❖ ❖

Parte tres: El precio

10

Excelencia:

Proclamada por la sabiduría

«Pero la sabiduría
que es de lo alto
es primeramente pura,
después pacífica, amable,
benigna, llena de misericordia
y de buenos frutos,
sin incertidumbre
ni hipocresía».
Santiago 3.17

En Santiago 3.17 el apóstol nos da una hermosa definición de sabiduría. Su definición podría ser un buen resumen de nuestro estudio de excelencia. Sabiduría, como lo estudiaremos, «depende de una buena conducta en obediencia a la voluntad de Dios más que de conceptos teóricos».[1] Sabio, en griego, viene de *sophos*, que describe a «alguien con inteligencia moral y habilidad en los asuntos prácticos de la vida».[2] Larry Crabb define la sabiduría como «creer que el aceptar el modo de Dios, no importa cuán doloroso sea, nos conduce finalmente al gozo». Además define la imprudencia como rehusar creer que «hacer las cosas a nuestro modo, aun y cuando esto genuinamente alivia la angustia y nos hace sentir bien, nos llevará al final a la desesperación».[3] El diccionario nos dice que la sabiduría es «el poder de juzgar correctamente y seguir el sensato curso de la acción basado en el conocimiento, experiencia y entendimiento». En verdad la sabiduría en nuestras vidas será el anuncio de la excelencia.

Esencia de la sabiduría

1. De acuerdo a los siguientes pasajes, ¿cuál es el requisito fundamental para adquirir sabiduría?

   Proverbios 9.10

   Proverbios 15.33

   Job 28.28

> «Temer al Señor significa tener una profunda reverencia y respeto por Dios y su Palabra, respeto y reverencia que resultan de la obediencia».[4]
>
> Bill Hammer

[1] *The New International Dictionary of New Testament Theology* [El Nuevo Diccionario Internacional de Teología del Nuevo Testamento], vol. 3, p. 1028.

[2] *The Bible Knowledge Commentary* [Comentario de Conocimiento Bíblico].

[3] Larry Crabb, en un seminario de Glen Eyrie, Colorado Springs, enero 1984.

[4] Bill Hammer, *Take a Drink from the Fountain of Widson* [Bebe de la fuente de sabiduría], en *Discipleship Journal* [Diario de discipulado], vol. 2, No. 5, septiembre 1982, p. 8.

2. a. ¿Quién es la sabiduría? (Consulta los versículos siguientes.)
1 Corintios 1.30

Colosenses 2.3

b. ¿Cuál sería la conclusión necesaria de estos versículos para que lleguemos a ser sabias?

3. Lee Santiago 3.13-18

a. En la columna correspondiente, anota los diversos aspectos de la sabiduría del mundo y la sabiduría de lo alto. (Quizá te ayude el leer otras traducciones del mismo pasaje.)

Sabiduría del mundo	Sabiduría de lo alto

b. ¿Cómo hemos de mostrar la sabiduría en nuestras vidas? (versículo 13)

Señor,
¡Abre mis oídos!
Bastante de lo que leo en tu Palabra habla
de la importancia de escuchar.
La sabiduría lo demanda;
La rectitud lo requiere;
El entendimiento lo necesita.

Veo mucho de selectividad en escuchar.
¿Soy una oyente selectiva?
¿Acaso sólo escucho lo que quiero?
¡Oh, Padre!
Tú sabes que deseo ser
sabia,
entendida,
perceptiva.
Enséñame a escuchar de la gente,
experiencias,
expresiones,
los colores de la vida...
Con apertura de mente,
totalidad del corazón,
y con abandono de mis propias preconcebidas
ideas.
Ayúdame a aprender.
Enséñame a abrir mis oídos y realmente escuchar.[5]
Carole Mayhall

Adquirir sabiduría

4. ¿Qué puedes hacer para comenzar a crecer en sabiduría?

a. Proverbios 2.1-10

[5] Carol Mayhall, *Lord, Teach Me Widsdom* [Señor, enséñame sabiduría], NavPress, Colorado Springs, 1979, pp. 48-49.

Santiago 1.5-6

b. Proverbios 22.17

Mateo 7.24

c. Colosenses 3.16

d. Proverbios 13.20

e. Proverbios 3.5-6

> **«Con la bondad de Dios deseando nuestro más alto bienestar, y la sabiduría de Dios para planearla, ¿qué nos puede hacer falta? Sin duda somos las más favorecidas de todas las criaturas».[6]**
>
> A.W. Tozer

5. Revisa tus respuestas a la pregunta 4. ¿Cuál consideras que sea tu fuerza para adquirir sabiduría?

¿Cuál es tu debilidad?

[6] A.W. Tozer. *The Knowledge of the Holy* [El conocimiento de lo santo], p. 70.

¿Qué puedes hacer para mejorar tu crecimiento en sabiduría?

Características de la sabiduría

6. Santiago 3.13 establece: «¿Quién es sabio y entendido entre vosotros? Muestre por la buena conducta sus obras en sabia mansedumbre».

Usa el siguiente cuadro para ayudarte a reconocer cómo tu comportamiento refleja la sabiduría de Dios. En la primera columna, brevemente escribe lo que dice el versículo. Después, resume en la segunda columna cuál es el principio general, al establecer en tus propias palabras cuál es tu necesidad en esa área. Al final, llena la tercera con una posible aplicación que sientas que Dios quiere que tomes a fin de crecer en la clase de conducta que muestra la sabiduría y el entendimiento.

VERSÍCULO(S)	CARACTERÍSTICAS DE LA CONDUCTA	MI NECESIDAD	POSIBLE APLICACIÓN
Prov. 29.11	Mantenerse una misma bajo control	No dejar que mis emociones controlen mi conducta	Pedirle a Dios que me ayude a responder en una forma piadosa a las presiones, sin arranques emocionales/ memorizar Proverbios 29.11
Salmo 90.12			
Ef 5.15-17			
Pr 12.18			
10.31			
10.19			
Pr 9.9			
10.8			
12.15			

VERSÍCULO(S)	CARACTERÍSTICAS DE LA CONDUCTA	MI NECESIDAD	POSIBLE APLICACIÓN
Pr 9.8			
15.31			
Pr 11.30			

REFLEXIÓN DE LA AUTORA: En Proverbios 2 se nos dice que si buscamos la sabiduría descubriremos el conocimiento de Dios, porque el Señor da sabiduría a los rectos. Buscar, inquirir y pedir sabiduría son claves para llegar a ser sabias. Oswald Chambers observa: «Nunca recibiremos, si pedimos con un fin en la visión; si pedimos, no de nuestra pobreza, sino de nuestra pasión».[7] Nuestro deseo de ser sabias debe nacer de un corazón, cuyo solo propósito es conocer a nuestro maravilloso Dios y para complacerlo a Él, no a nosotras. Pues, yo creo que si de verdad buscamos esta sabiduría que es de lo alto, todas sus características comenzarán a manifestarse en nuestras vidas. El énfasis debe estar en nuestra búsqueda diligente, nuestro compromiso con todo lo que esa sabiduría es y en saber que el crecimiento en sabiduría es un proceso de toda la vida.

> «Romper con todas las costumbres mundanas; vivir interiormente separadas del espíritu del mundo, de tal modo que no digamos: "¿Qué tiene de malo esto o lo otro?", sino simplemente haber perdido todo entusiasmo por aquello que no es del Padre; vivir como quienes de verdad dejan todo en el altar: tiempo, fuerzas, posesiones, literalmente todo lo que somos y tenemos; vivir, no nominalmente sino de verdad, en unidad; nos habrá de costar algo. ¿Estamos dispuestas a pagar el precio?»[8]
>
> Amy Carmichael

[7] Oswald Chambers, *My Utmost for His Highest* [Lo mejor por su excelencia], p. 161.
[8] Amy Carmichael, *Thou Givest... They Gather* [Él los hace... ellos se juntan], p. 199.

Beneficios de la sabiduría

7. La sabiduría no es sin beneficios. Lee los siguientes versículos y enumera los frutos de la sabiduría.

Proverbios 3.13-18

Proverbios 8.12, 17-21

Proverbios 8.32-35

TEXTO SUGERIDO PARA MEMORIZAR: Santiago 3.17

❖ ❖ ❖

«Cuando miramos hacia atrás y vemos la vida de mujeres y hombres de Dios la tendencia es decir: ¡Qué maravillosa y astuta sabiduría tenían! La mente astuta que se encuentra detrás es la Mente de Dios, no se trata de sabiduría humana. Le damos el crédito a la sabiduría humana, cuando debiéramos dárselo a la guía divina de Dios a través de la gente creyente que fue lo bastante ingenua para confiar en la sabiduría de Dios y en el equipo sobrenatural de Dios».[9]

Oswald Chambers

9 Oswald Chambers, *My Utmost* [Lo mejor], p. 300.

Parte cuatro: La alabanza

11

Excelencia:

Caracterizada en la vida de la mujer virtuosa

«Muchas mujeres
hicieron el bien;
más tú
sobrepasas a todas».
Proverbios 31.29

Espero que al haber estudiado *Cómo ser una mujer de excelencia*, hayas sentido que nuestras vidas son preciosas para Dios, tan preciosas que Él nos ha dado guías específicas para mantener nuestros corazones puros y abiertos a Él. En un «último acto» hermoso en su libro de sabiduría, Dios traza el perfil de alguien que representa lo que Él desea que la mujer sea. Hablando sobre la mujer en Proverbios 31, Derek Kidner escribió: «Su carisma y su éxito no le deben nada a la oportunidad, porque su exterior y su influencia tienen el sólido fundamento del temor y sabiduría de Dios».[1] En verdad esta mujer es un ejemplo de quien su meta fue temer a Dios y buscar la excelencia.

Un patrón de excelencia

1. Lee Proverbios 31.10-31. En el espacio provisto a continuación de cada versículo, escribe todo lo que esta mujer sobresaliente hizo.

   versículos 11-12

   versículo 13

   versículo 14

   versículo 15

   versículo 16

   versículo 17

[1] Derek Kinder, *Proverbs: An Introduction and Commentary* [Proverbios: una introducción y comentario], Tyndale Old Testament Commentaries, InterVarsity, Downers Grove, 1979, p. 184.

versículo 18

versículo 19

versículo 20

versículo 21

versículo 22

versículo 24

versículo 25

versículo 26

versículo 27

REFLEXIÓN DE LA AUTORA: A medida que he estudiado Proverbios 31, creo que he descubierto uno de los secretos de la excelencia de esta mujer. Larry Crabb ha definido una

meta: *algo que quiero y puedo controlar; y un*
deseo: *algo que quiero y no puedo controlar.*[2]

[2] Larry Crabb, en un seminario en Glen Eyrie, Colorado Springs, enero 1984.

Si quiero perder peso, esa es una meta legítima, porque soy totalmente responsable de lo que como y de hacer ejercicios. Si quiero que un amigo o alguien a quien amo baje de peso, eso sólo puede ser un deseo, porque yo no puedo controlar sus comidas o ejercicios. No hay nada de malo con los deseos, pero es importante discernir la diferencia entre metas y deseos en nuestra vida. Una meta es aquello por lo cual puedo ser totalmente responsable; no dependo de nadie más para cumplirla. (En el matrimonio, no puedo tener la meta de que sea feliz o bueno, porque eso involucra a alguien más, puede ser un deseo, sin embargo, puedo orar y cooperar para que lo sea. Para mí, una meta adecuada en el matrimonio es ser una buena esposa, porque eso es algo que yo puedo controlar.) Tenemos problemas cuando confundimos nuestros deseos con nuestras metas. Siempre que tratamos de hacer de un deseo una meta y alguien lo impide, nos molestamos y frustramos, sobre todo porque no lo hacemos a nuestra manera.

Es bueno examinar nuestras respuestas en diferentes situaciones para ver si estamos tratando de controlar o manipular a alguien más. Richard Foster ha escrito: «Tenemos que llegar al punto en nuestras vidas donde dejemos la eterna carga de necesitar siempre dirigir a los demás». El que yo sea una mujer de excelencia en realidad no depende de nadie más; sólo de mi decisión de que seré la mujer de Dios que le teme, que deriva su valor y seguridad de Cristo, y que es luego libre para servir y amar a otros».

---

2. Repasa Proverbios 31.10-31. Conforme leas, busca en especial las cualidades del carácter de esta mujer. Ve cuántas de las cualidades siguientes puedes encontrar: sumisión, obediencia, disciplina, santidad, discreción, gentileza, quietud de espíritu y sabiduría. Anota los versículos donde estas cualidades se hacen evidentes.

3. Al considerar la vida de esta mujer y nuestro estudio previo, ¿qué crees es lo más esencial para llegar a ser una mujer de excelencia?

Charles Bridges escribió de la mujer de Proverbios 31 que: «Esta perfección de carácter y gracia podría sólo fluir de la vitalidad divina».[3] *Vitalidad* divina, no mediocre o aun «noble», sino vitalidad y excelencia divinas. La prioridad en la vida de esta mujer se puede ver en el versículo 30: su temor a Dios. Es su vida espiritual que está comprometida y fundada en su excelencia. Ella y María de Betania en Lucas 10 escogieron «la mejor parte» y también nosotras debemos hacerlo.

En busca de la excelencia

El texto de la Escritura sugerido para memorizar en este capítulo es Proverbios 31.30. Sin embargo, ahora que has terminado este estudio, me gustaría animarte para que tomaras tiempo y memorizaras Proverbios 31.10-31. (Yo lo hice en un verano y memoricé dos versículos por semana.) Ha sido una bendición para mí y el Señor ha usado muchos versículos para animarme en momentos especiales.

4. En el primer capítulo, se te pidió que escribieras una meta personal para este estudio. Este quizá es un buen momento para revisarla. Después de haber estudiado varios aspectos de la excelencia y entendiendo ahora la diferencia entre meta y deseo, quizá te gustaría escribir una meta para tu vida. Una vez que la hayas considerado en oración, quizá la quieras anotar al frente de tu Biblia, de modo que te recuerde tu compromiso con Dios.

   Mi meta:

[3] Charles Bridge, en *A Modern Study in the Book of Proverbs* [Un estudio moderno en el libro de Proverbios], Rev. George Santa, Mott Media, Milford, Michigan, 1978).

REFLEXIÓN DE LA AUTORA: Me gustaría manifestar la meta que he trazado para mi vida: «Mi meta es honrar al Señor en mis pensamientos, palabras, acciones y actividades, ejemplificar el carácter de Cristo cuando respondo a la gente y a las circunstancias y continuamente profundizar mi relación y conocimiento de Dios y su Palabra».

Betty Scott Stam y su esposo John fueron misioneros en China a principios de los años cuarenta. Cuando la Guardia Comunista Roja se apoderó de China, ambos fueron decapitados. A continuación encontramos la meta de la vida de Betty, que ha sido de reto para muchos en el logro de la excelencia:

«Señor, he dejado todos mis propios planes y propósitos, todos mis deseos y esperanzas, y he aceptado tu voluntad en mi vida. Te doy mi ser, mi vida, mi interior a Ti para ser tuya por siempre. Lléname y séllame con el Santo Espíritu. Úsame conforme a tu voluntad, envíame a donde tú quieras, opera tu completa voluntad en mi vida a cualquier costo, ahora y siempre».

❖ ❖ ❖

> **«Mi meta es Dios mismo, no gozo ni paz, ni aun bendiciones, sino sólo Él, mi Dios».**
>
> **Oswald Chambers**

¿ESTÁ TU CORAZÓN EN ASCENSO?

Pensó para sí: Las rocas son demasiado altas para mí, no puedo escalarlas.

Su Padre dijo: «Conmigo como tu guía lo puedes hacer. Porque no te he dado yo espíritu de cobardía, sino de poder, de amor y de disciplina. ¿Por qué entonces tu espíritu de miedo?»

Dijo para sí: Pero quién subirá al monte del Señor, o quién subirá a su Lugar Santo? ¿Acaso llegaré a pasar la colina?

Su Padre dijo: «¿Está tu corazón en ascenso?

El hijo respondió: Oh Señor, Tú lo sabes.

Y el Padre lo confortó: «Toma el camino —el camino a la cumbre— al Señor. Sólo deja que tu corazón siga en ascenso».

Y el Padre añadió: «Querido hijo, yo mantendré tu corazón en ascenso».

Amy Carmichael

UNA GUÍA PARA LÍDERES DE ESTUDIO BIBLICO

Mientras dirija su grupo, tenga en mente el propósito de este estudio: motivar a lograr la excelencia en nuestro peregrinar cristiano, reconocer que este seguimiento es un proceso de toda la vida y aprender a hacer aplicaciones específicas de las Escrituras en nuestras vida. Un acercamiento incondicional y serio para aplicar lo enseñado debe producir crecimiento y cambio. Esperemos que cuando termine el estudio su grupo no sea el mismo que cuando comenzó. El propósito de su grupo debe ser brindar opiniones, retos, decisiones y oraciones para apoyarse unas a otras.

En cada capítulo hay subtítulos que pueden servir como tópicos de discusión. Puede iniciar cada sesión con preguntas sobre los pensamientos claves del grupo, nuevas ideas, o inquietudes concernientes a los tópicos tratados por estos subtítulos. Cuando haga su propio estudio antes de la reunión, quizá pueda preparar cuestionarios específicos para cada sección. Los diccionarios y comentarios pueden ser una buena fuente para añadir información y claridad. Por supuesto, el principal recurso es la sensibilidad al Espíritu Santo a medida que dirige y conduce el estudio de acuerdo a las necesidades del grupo.

A continuación sugerimos un esquema para una primera reunión:

1. De oportunidad a cada miembro para presentarse y hablar de su familia y de su experiencia cristiana.

2. Distribuya los libros y vean el formato. Observe la tabla de contenido, las citas de escritores y pensadores cristianos, la reflexión de la autora, el texto para memorizar y la aplicación personal para cada capítulo.

3. Explique que el texto para memorizar de cada lección está impreso al comienzo del capítulo. Puede ser útil si se escribe este versículo en una tarjeta en la versión que deseen. La tarjeta puede ser colocada en la cocina o la pueden llevar consigo fácilmente para memorizar durante el día. A fin de revisar los versículos memorizados, divida el grupo en parejas para que reciten las Escrituras al principio de cada lección.

4. Como grupo, pueden trazar ciertos patrones para el tiempo que pasan juntas. Estos pueden incluir el compromiso de asistencia, memorización de Escrituras, terminar cada capítulo, y aplicarlos diligentemente.

5. Pregunte sobre la posibilidad de tener compañeras de oración durante el estudio. No quiere decir que éstas tengan que reunirse fuera de los días de estudio, pero pueden compartir peticiones durante la semana Puede asignar números para formar las parejas.

6. Concluyan cada sesión en oración.

CPSIA information can be obtained
at www.ICGtesting.com
Printed in the USA
LVHW051923281222
736001LV00002B/10

9 780881 132236